Todos los libros de Linkgua Ediciones cuentan con modelos de Inteligencia Artificial entrenados por hispanistas. Pregúntale al chat de tu libro lo que desees acerca de la obra o su autor/a.

Para ebooks: Accede a nuestro modelo de IA a través de este enlace.

Para libros impresos: Escanea el código QR de la portada con tu dispositivo móvil.

Obtén análisis detallados de nuestros libros, resúmenes, respuestas a tus preguntas y accede a nuestras ediciones críticas generativas para una experiencia de lectura más enriquecedora.
La transparencia y el respeto hacia la autoría de las fuentes utilizadas son distintivos básicos de nuestro proyecto. Por ello, las respuestas ofrecen, mediante un sistema de citas, las fuentes con las que han sido elaboradas.

Luis de Granada

Sermón contra los escándalos en las caídas públicas

Barcelona 2024
Linkgua-ediciones.com

Créditos

Título original: Sermón contra los escándalos en las caídas públicas.

© 2024, Red ediciones S.L.

e-mail: info@linkgua.com

Diseño de la colección: Michel Mallard.

ISBN rústica ilustrada: 978-84-9007-275-2.
ISBN tapa dura: 978-84-1126-715-1.
ISBN ebook: 978-84-9897-983-1.

Sumario

Brevísima presentación

La vida

Luis de Granada (1504-1588). España.

Fray Luis de Granada ingresó en la orden dominica a los veinte años. Y pronto adoptó el nombre de su ciudad natal y allí estuvo durante varios años en el convento de Santa Cruz. También fue prior del convento de Scala-Coeli en la serranía de Córdoba.

Hacia 1547 escribió su Guía de pecadores, en la que fray Luis recoge un tratado escrito por Savonarola, y una antología de fragmentos del Nuevo Testamento, que comprende el Sermón del Monte, tres capítulos del evangelio de Juan y una paráfrasis de las cartas de Pablo.

Sus últimos años fueron duros, marcados por el escándalo del suceso de la monja de Portugal, en el que defendió a una monja iluminada, que después se descubrió que había mentido.

Murió a los ochenta y cuatro años en Portugal.

Al cristiano lector

Costumbre ha sido siempre en la Iglesia de todos los ministros de la palabra de Dios acudir con su doctrina a las necesidades espirituales de ella, y de aquí procedieron tantos libros que, en diversos tiempos, se han escrito contra diversas herejías; y otros que trataron de la divina Providencia contra los que, viendo las calamidades y desórdenes de la vida humana, la negaron. Y no solo con sus escripturas, sino mucho más con la doctrina de sus sermones procuraron ocurrir a estas necesidades alumbrando y desengañando a la gente de poco saber. Pues, considerando yo ahora algunas necesidades que se han ofrecido en nuestros tiempos y a que los predicadores y ministros de la palabra de Dios deben acudir, ya que por causa de la edad no puedo ejercitar este oficio, quise, con el favor divino, ayudar algo con la escriptura, suplicando a Nuestro Señor muy de corazón quiera Él dar virtud a estas palabras para que prendan en los corazones de los que las leyeren y les den luz y conocimiento de lo que en semejantes ocasiones deben hacer. Y si esta escriptura no bastare para enfrenar a los que en estos casos hablan con poca caridad y mucha soltura, a lo menos aprovechará a los flacos y pusilánimes para que, ayudándoles Nuestro Señor, no desmayen ni desistan de sus buenas obras y santos propósitos.

Argumento de este sermón

Dos principales males se siguen cuando alguna persona de grande reputación de santidad cae en algún error o pecado público. El uno, es descrédito de la virtud de los que son verdaderamente buenos, pareciendo a los hombres ignorantes que no se debe fiar de ningún bueno, pues éste que parecía tal vino a dar tan gran caída. El otro, es el desmayo y cobardía de los flacos, que por esta ocasión vuelven atrás o desisten de sus buenos ejercicios. Y en estos casos así como son diversos los juicios y pareceres de los hombres, así lo son también sus afectos y sentimientos. Porque unos lloran, otros ríen, y otros desmayan. Lloran los buenos, ríen los malos y los flacos desmayan y aflojan en la virtud y el común de la gente se escandaliza. Pues de todas estas cosas, con el favor y ayuda de Nuestro Señor, pretendo tratar en este sermón e inducir a todos los fieles a lo que en semejantes casos, según Dios y toda buena razón, deben hacer y sentir.

Sermón del padre Maestro fray Luis de Granada fundado sobre estas palabras del apóstol

Quis infirmatur et ego non infirmor? quis scandalizatur et ego non uror? Esto es, ¿Quién está flaco en el espíritu, que yo no me compadezca de é?, ¿quién se escandaliza que yo no me abrase?

Nuestro glorioso padre Santo Tomás en una muy devota oración, en la cual pide a Nuestro Señor muchas virtudes y gracias, una de las principales es que, siendo tantas las alteraciones y mudanzas de esta vida, nunca desfallezca entre las prosperidades y adversidades de ella, sino que en las prosperidades le dé gracias y en las adversidades tenga paciencia; y así ni en las unas se levante y envanezca ni en las otras se acobarde y desmaye. Dejemos ahora las prosperidades, pues tan fuera están nuestros tiempos de ellas, y tratemos de las adversidades de que estamos por todas partes cercados.

Entre las cuales, unas son corporales, como son las guerras, hambres y mortandades; y otras espirituales, que tocan más en lo vivo, como son las herejías, que hacen guerra a la fe y los malos ejemplos y vida estragada de los malos, que perjudican las buenas costumbres. Los cuales ejemplos, que son hechos y dichos de los malos, son tan poderosos para dañar, que sus palabras cunden como cáncer y sus hechos inficionan y matan las ánimas, por las cuales Cristo derramó su sangre. Pues contra los tales dice San Bernardo: «Si el Salvador dio su sangre en precio y redención de las ánimas, ¿no os parece que le persigue más (cuanto en sí es) el que con malas palabras y malos ejemplos aparta las ánimas de su servicio que el que derrama la sangre que él ofreció por ellas? Y si el Demonio se llama homicida en el

Evangelio porque mata las ánimas, incitándolas a pecar; ¿no será también homicida el que con su mala vida y mal ejemplo hace lo mismo?».

Mas, entre los malos ejemplos que se ofrecen en la vida humana, el más dañoso es cuando una persona, tenida en gran reputación de santidad, viene a caer en algún pecado. Porque aquí es donde los buenos lloran y los malos ríen y los flacos desmayan y, finalmente, casi todos se escandalizan y pierden el crédito de la virtud de los buenos.

Contra éstos no tengo otra más eficaz respuesta que la que San Agustín da en un caso semejante, que fue la caída de una persona religiosa de las que militaban debajo de su regla y compañía; donde el santo doctor, predicando contra el escándalo del pueblo, dice estas palabras: «Decidme, hermanos, ¿por ventura mi casa es mejor que el arca de Noé en la cual, de tres hijos que este santo tuvo, uno fue hallado malo? ¿Por ventura es mejor la casa del patriarca Jacob en la cual, doce hijos que tuvo, uno solo fue virtuoso que fue Joseph? ¿Por ventura es mejor que la casa del patriarca Isaac en la cual, de dos hijos que le nacieron de un parto, el uno fue escogido de Dios y el otro reprobado? ¿Por ventura es mejor que la casa de Cristo Nuestro Salvador en la cual, de doce apóstoles que Él escogió, uno le fue traidor y le vendió? ¿Por ventura es mejor que la compañía de los siete diáconos, llenos del Espíritu Santo, escogidos por los apóstoles, para tener cargo de los pobres y viudas; entre los cuales uno, por nombre Nicolao, vino a ser heresiarca? ¿Por ventura es mejor que el mismo cielo, de que tantos ángeles cayeron? ¿Y que el paraíso de la tierra, en el cual los dos primeros padres del género humano, criados en justicia y gracia, fueron echados de este lugar por su pecado?». Hasta aquí son palabras de San Agustín, de las cuales colegimos dos cosas: la una, que nadie se debe espantar, como de cosa nueva, que en todos los estados, por perfectos que sean, haya alguno que cayan; y la otra, que no debemos juzgar por los que caen a los que quedan y están en pie; como lo vimos en este mismo discurso, donde entre esos que cayeron, quedaron otros que perseveraron en su virtud. Y por aquí entenderemos la poca razón que tienen los que se maravillan y escandalizan cuando alguna persona notable desvara y cae. Porque ¿quién más santo que David, varón escogido y conforme a la voluntad de Dios y lleno de espíritu profético, y vemos cuán feamente cayó? ¿Y quién más sabio que Salomón que tantos misterios y maravillas alcanzó y escribió en el libro de los Cantares, y vemos a qué extremo de maldad llegó, pues vino a adorar ídolos.

Y de estos ejemplos pudiéramos traer infinitos de que están llenas las historias eclesiásticas; pero uno solo referiré aquí, que se escribe luego al principio de las vidas de los padres del yermo: Y éste fue que un monje que moraba en lo más apartado de aquel desierto, el cual había vivido muchos años ejercitándose en grandes abstinencias y virtudes admirables y recibido de Dios muchas revelaciones, con espíritu de profecía; y con esto, a cabo de muchos años y de muchos santos trabajos, recibió de Nuestro Señor un tan grande favor, que por mano de los ángeles era proveído de mantenimiento; porque, llegada la hora de comer, entrando más adentro de su cueva, hallaba un pan muy blanco y muy suave que comía dando gracias a Dios y gastando lo más del día y de la noche en himnos y oraciones. Viéndose, pues, honrado con tantos favores, vino a reinar en su corazón un pensamiento de que por el mérito de sus trabajos había alcanzado tan grandes favores. Y como sea verdad lo que dice Salomón, que antes de la caída se levanta el corazón del hombre, comenzó el Demonio a solicitarle por esta vía y armarle lazos para la caída. Y dejando aparte el proceso de toda esta tentación, que fue largo, finalmente vino a inflamar su corazón con un tan grande ardor del vicio sensual que se determinó de dejar el yermo; y así lo hizo, aunque en medio del camino le acudió Nuestro Señor y lo revocó de su mal propósito. Por aquí, pues, verá el hombre la poca razón que tiene para escandalizarse de estas caídas de nuestros tiempos, pues un tan grande santo como éste, a quien los ángeles servían y traían de comer, vino a dar tan gran caída. Y no es razón que porque éstos y otros tales cayen, condenemos a la universidad de todos los otros buenos; ni por la santidad fingida y falsa de algunos, juzguemos que todos los buenos son tales. En el Testamento Viejo había muchos falsos profetas que decían haberles Dios enviado a profetizar y enseñar a su pueblo. Mas no por ser éstos falsos y engañadores dejamos de creer que había otros muchos profetas verdaderos, como fueron Isaías, Hieremías, Ezequiel, Daniel, y otros muchos. Y en el Testamento Nuevo hubo también otros muchos falsos apóstoles de quien se queja el apóstol San Pablo, diciendo que eran obreros engañosos y que se transfiguraban en los verdaderos apóstoles de Cristo. Y no es esto, dice él, de maravillar, pues también Satanás se transfigura en ángel de luz y por esto no es maravilla que sus ministros quieran contrahacer a los verdaderos ministros de justicia, cuyo fin dice él que, será conforme a sus obras. Pues siendo esto así, ¿cuán grande yerro sería que por la máscara de estos falsos apóstoles dejásemos de creer a los verdaderos?

También entre los discípulos de Cristo hubo algunos que se escandalizaron de su doctrina y se despidieron de Él. Por donde el Señor dijo a los más que quedaban: ¿Vosotros también queréis os ir? A lo cual respondió San Pedro por todos: ¿Adónde iremos, Señor, pues tienes palabras de vida? Mas aunque aquéllos se escandalizaron y se fueron, quedaron los otros setenta discípulos, y después predicaron la buena nueva del Evangelio al mundo. También entre aquéllos santos monjes del desierto hubo algunos engañados del Demonio; mas no debemos juzgar por éstos a los otros santísimos padres.

Y descendiendo a las cosas humanas, ¿cuántas veces acaece que una mujer casada de grande estima viene a ser comprehendida en adulterio? Pues ¿luego, por este ejemplo, condenaremos a todas las otras casadas? No, por cierto. Y si esto sería gran locura, no es menor que por un bueno que cae o por un hipócrita que se descubra juzguemos por tales a todos. A este propósito hace lo que acaeció al profeta Elías estando en una cueva en el monte Oreb, huido de la reina Jezabel, que lo buscaba para matarlo, al cual apareció Dios (que nunca desampara a los que son perseguidos por Él) y díjole: ¿Qué haces aquí, Elías? El respondió: He zelado y vuelto por la honra del Señor Dios de los ejércitos; porque los hijos de Israel han desamparado tu ley y derribado tus altares y muerto a tus profetas, y he quedado yo solo, y agora búscanme para matarme. A esto le respondió el mismo Señor y, entre otras cosas, le dijo que no era él solo el que había conservado la fe con Dios; porque en ese pueblo tan perdido tenía Él siete mil hombres que no habían inclinado sus rodillas ante el ídolo de Baal. Esto parece, pues, que se puede con corazón responder a los que por la caída pública de uno piensan que todo es ya perdido y que no haya que fiar de nadie, por bueno que parezca, pues tiene Dios otros muchos siervos escondidos que el mundo no conoce.

Y este juicio redunda en daño de los mismos que esto juzgan; porque con esta siniestra opinión que tienen de los buenos pierden el fruto que pudieran sacar de su doctrina y buen ejemplo, demás de ser este juicio temerario y de cortos y precipitados entendimientos, e injurioso a los buenos, que deben ser muy reverenciados, pues a sola la virtud se debe reverencia y honra. Y contra éstos milita un decreto del Papa Zeferino, el cual, hablando de estos juicios, dice así: Temeraria cosa es juzgar los hombres los secretos y intenciones de los corazones. Y no viendo de fuera sino de obras buenas, temeridad es por sola sospecha condenar las personas, pues nos consta que a solo Dios pertenece saber lo secreto de los corazones. Aristóteles dice que una de las causas por donde los hombres yerran en el juicio de las cosas, es no considerar todo lo que hay en ellas y moverse fácilmente a determinarlas por mirar algo y no mirarlo todo. Y este suele ser uno de los medios por donde el Demonio engaña a muchos.

Por lo cual, tenemos ejemplo en Balaam y en el rey de los Moabitas, el cual viendo que Balaam, mirando todo el ejército de los hijos de Israel asentado en un valle y pareciéndole dende allí muy hermoso, le comenzó a bendecir y alabar; indignado de esto el rey (que lo había traído para maldecir al pueblo), le dijo: Vamos a otro lugar dende el cual veas parte de este pueblo y no le veas todo, y así quizá le maldirás. Pues esto mismo hace el Demonio para engañarnos, haciendo que en estos casos pongamos los ojos en uno solo que cae y no miremos los muchos que están en pie y perseveran en la virtud. Y así nos arrojamos muy de priesa a juzgar las cosas sin más deliberación, por donde, prudentemente dicen los juristas que la precipitación en la determinación de las cosas es madrastra del juicio de la verdad.

Preguntará, pues, agora un hombre que desea salvarse lo que debe hacer en estos acaecimientos. Respondo que (pues el Apóstol dice, que a los que aman a Dios todas las cosas suceden para mayor bien suyo), lo que debe hacer en estos casos es no condenar a los otros sino temer a sí mismo y escarmentar en cabeza ajena, y mirar que si aquél cayó de un estado tan perfecto, mucho más cerca está de caer el que está menos perfecto. Pues de semejantes caídas no teman los siervos de Dios ocasión para estimar a sí y despreciar a los que cayeron, sino para vivir de ahí adelante con mayor temor y desconfianza de sí mismos, diciendo entre sí: Yo soy hombre como aquél, y concibido en pecado como él, y subjecto a las mismas tentaciones que él; ni tengo más prendas de Dios que él, y navego en el mismo mar que él, sin haber llegado a puerto seguro; ni sé si tengo don de perseverancia hasta la fin, el cual sé que no cae debajo de merecimiento, porque lo da Dios a quien Él es servido; ¿pues, qué hay en mí para que no corra el mismo peligro que aquél? Y por esto, muy a propósito, me previene y avisa el Apóstol diciendo: El que piensa que está en pie mire por si no caya. Si cae David y Salomón, ¡pobre de mi!, ¿qué haré yo? Este es, pues, el fructo que saca el humilde y prudente siervo de Dios de semejantes caídas: más temor, más humildad y mayor cuidado de huir todas las ocasiones que le pueden atravesar el pie para caer, y no condenar a muchos por ejemplo de uno.

Y advierta también quien en estos casos desea acertar que no se indigne contra aquél que cayó, sino antes se compadezca de su caída y no pierda la esperanza de su enmienda. Porque muchas veces las grandes caídas vienen a ser ocasión de grandes penitencias y mudanzas de vida. En las vidas de los padres del yermo se escribe de una religiosa que, después de veinte años de vida perfecta, vino a dar una muy fea caída; y deseperada y aborrecida de sí misma, fue a acabar de perderse al mundo. A la cual un santo monje, tío suyo, por nombre Abraham, revocó de aquel estado por un medio extraordinario y admirable. Y llegó a hacer tal penitencia tres años que vivió, que vino a hacer milagros. Pero más admirable ejemplo es el del rey Manasés, de quien cuenta la Escriptura

Divina que hinchió a Jerusalén de sangre de profetas; entre los cuales aserró al gran profeta Esaías. Y por estos pecados fue llevado preso a Babilonia y puesto en hierros; donde la pena abrió los ojos que había cerrado la culpa, e hizo tal penitencia, que por ella no solamente fue perdonado y librado de la cárcel, más también restituido en su reino; habiendo dejado tan estragado y ocupado de idolatrías, que por estos pecados (de que él fue causa), siendo él perdonado, el reino fue destruido y llevado a Babilonia cautivo. Tan grande es la misericordia de Dios y tanto puede para con Él la penitencia después de muy grandes culpas. Lo cual he dicho para que nunca desconfiemos de la caída de nadie, por grande que sea.

I. Del sentimiento que los buenos tienen en las caídas de sus prójimos, y de la fiesta y alegría de los malos

Lo que hasta aquí se ha dicho sirve para remediar el daño que de estas caídas se suele seguir, que es perderse el crédito de la virtud. Mas agora trataremos de los otros efectos que de aquí suelen seguirse (segun arriba tocamos), que son: llorar los buenos y reír los malos y desmayar los flacos.

Y tratemos primero de las lágrimas de los buenos; las cuales proceden de la naturaleza y condición de la caridad, de la cual virtud dice el Apóstol que no se alegra con la maldad, mas alégrase con la verdad. Porque, como los buenos aman a Dios sobre todas las cosas y a los prójimos como a sí mismos, no pueden dejar de sentir los males de ellos, y mucho más los espirituales que tocan más en lo vivo; y por esto tienen muchas causas por qué llorar.

Lloran porque sienten la muerte del ánima que cayó. Lloran porque el justo se desvió del camino de la justicia. Lloran por ver que el que era hijo de Dios se hizo, pecando, esclavo del Demonio. Lloran por ver que aquel lobo infernal arrebató una oveja de la manada de Cristo, y se la tragó. Lloran por ver disminuido el Reino de Cristo, y acrecentado con un vasallo más el del Demonio. Lloran por ver que una estrella que resplandecía y alumbraba con la luz de su buen ejemplo, se eclipsó y escureció. Lloran por ver que el ánima, que era esposa de Cristo, se hace sierva del Demonio. Lloran por el grande daño que el ánima de un justo recibe pecando, porque a la hora se sale Cristo de ella por una puerta y el Demonio entra por otra y se apodera de la posada, de modo que la que era templo vivo del Espíritu Santo se hace cueva de serpientes y basiliscos. Ésta es, pues, la causa del dolor y sentimiento de los santos cuando ven los pecados de sus prójimos, mayormente los de aquellos que habían de ser luz y guía de los otros.

De aquí procedían las lamentaciones de Hieremías, en las cuales lloraba tan amargamente los pecados de su pueblo, que vino a decir aquellas palabras de tanto sentimiento: ¡Oh vosotros que pasais por este cansino, mirad si hay dolor semejante a mi dolor! Y no menos llora Esaías esta calamidad, sin querer admitir consolación, sino hartarse de llorar los males de sus prójimos y los castigos de ellos. Y así dice: No trate nadie de consolarme, porque mi dolor es grande que no admite consolación. De aquí también procedieron las lágrimas del Apóstol que él derramaba por los que pecaron y no hicieron penitencia de sus pecados, como lo escribe a los de Corinto. De aquí el dolor que muestra en la Epístola a los de Galacia, diciendo: Hijuelos míos, que torno a pariros de nuevo con dolores hasta que Cristo sea formado vosotros. Mas todo esto es poco en comparación de lo que escribe a los romanos, haciendo un solemne juramento y trayendo al Espíritu Santo por testigo de lo que afirmaba, diciendo que era continuo el dolor y tristeza de su corazón, por ver la ceguedad de los judíos, sus hermanos, ofreciéndose a ser anatema de Cristo por amor de ellos, que es carecer por algún tiempo de todos los bienes y riquezas que esperaba de Cristo por sus trabajos.

¿Pues, qué diré de las lágrimas de los santos del Testamento Nuevo? ¡Con qué lágrimas llora San Cipriano las caídas de los que por temor de los tormentos de los tiranos habían renegado la fe! ¡Cuál era el sentimiento de nuestro padre Santo Domingo, de quien se escribe que se derretían sus entrañas como la cera en el fuego, con el dolor y celo de la gente que perecía por sus pecados! ¡Cuál el de su hija santa Catarina de Sena, la cual, con un nuevo y extraño encarecimiento y dolor de la perdición de los hombres, pedía a su Esposo que atapase con ella la boca del infierno para que ninguno entrase allá!

Pero sobre todos estos sentimientos es admirable el del santo profeta Esdras (que redujo el pueblo de Israel del cautiverio de Babilonia a Jerusalén), el cual, viendo el pecado que el pueblo había hecho casándose con mujeres hijas de gentiles, contra la ley de Dios, fue tan grande su sentimiento que rasgó sus vestiduras, hasta la túnica interior, y arrancó los cabellos de su cabeza y los pelos de la barba, y, postrado ante la presencia de Dios, extendiendo sus manos, dijo que se confundía y avergonzaba de levantar sus ojos ante la Divina Majestad; y esto no por sus pecados propios, que no los tenía, sino por los de su pueblo.

Para que por este ejemplo vean los hombres desalmados que triunfan y hacen fiestas en la caída de sus hermanos, cuán lejos están de este afecto y sentimiento. Lo cual tengo por una gran señal de reprobación, así como lo contrario es señal de predestinación. Y esto se puede entender por aquella visión del profeta Ezequiel, en la cual le mostró Dios en espíritu seis hombres con armas en las manos, entre los cuales venía uno vestido de blanco con un tintero en la cinta. Y a este escribano mandó Dios que fuese por medio de la ciudad de Jerusalén, y pusiese una señal, que llaman Tau, sobre las frentes de los hombres que hallase gimiendo y llorando por las ofensas y abominaciones que se hacían contra Dios. Y a los seis hombres armados mandó que sin ninguna piedad pasasen a cuchillo todos los moradores de la ciudad, sin perdonar a viejos ni mozos, ni vírgenes ni niños ni mujeres; mas que no tocasen en aquéllos que viesen señalados en la frente con aquella señal susodicha; que comenzasen de su santuario, que es de los sacerdotes y ministros del templo. Por lo cual entiendo (como dije) ser este gemido y sentimiento una gran señal de predestinación.

Estas lágrimas eran de varones santos y moradores de Dios. Mas, ¿qué diremos aquí de las lágrimas del mismo Señor de los santos? El cual sabemos que lloró sobre la ciudad de Jerusalén, no tanto por la destrucción de ella cuanto por la causa, que era el pecado de no haber recibido a su Salvador, ¿Pues qué cosa más admirable y más digna de la bondad de Dios que llorar el mismo Juez, ofendido, los pecados que contra Él se cometieron, y las penas con que los había de castigar? ¿Qué diré también del sentimiento de los mismos ángeles, especialmente de los de nuestra guarda, cuando ven miserablemente caídos a los que ellos tan solícitamente guardaban? Sobre lo cual dice San Agustín, hablando con Dios: «Señor, cuando hacemos buenas obras alégranse los ángeles y entristécense los demonios; mas cuando las hacemos malas, alegramos a los demonios y privamos (cuanto en nos es) de su alegría a los ángeles». Porque como ellos se alegran cuando un pecador se levanta y hace penitencia; así los demonios se alegran cuando un justo cae y desampara la penitencia.

Y para confirmación de esto, no dejaré de referir aquí lo que acaeció a uno de aquellos santos padres del yermo: el cual después de haber llegado a la cumbre de todas las virtudes, comenzó a envanecerse, y atribuir a sus merecimientos y trabajos la santidad que tenía; y conociendo esto el Demonio y entendiendo cuán cerca está la caída de quien así se levanta, tomó forma de mujer muy bien parecida y llegando a boca de noche a la cueva del monje, lloraba y rogábale le diese lugar en ella porque aquella noche las bestias fieras no la despedazasen. Vencido, pues, él con este color de piedad la recibió. Entonces el enemigo comenzó a inflamarlo con ardores de un fuego infernal; y tanto pudo, que finalmente el desventurado, vencido de aquella furiosa pasión, extendió sus brazos para abrazar la mujer. Y entonces el Demonio dio un grande y terrible aullido y deshízose en el aire como sombra que era, dejando burlado al miserable cautivo. Estaba a la sazón allí una gran cuadrilla de demonios esperando el fin de la batalla; y, vista la victoria, levantaron las voces en el aire con grandes risadas y alegrías, diciendo: ¡Ah monje, monje, que te levantabas hacia el cielo, cómo has caído en el infierno! Aprende, pues, aprende, que el que sé levanta será humillado. ¿Veis, pues, por este ejemplo el alegría y fiesta que hacen los demonios en nuestras caídas? ¿Veis cumplido lo que dice San Agustín, que como los ángeles se alegran cuando un pecador hace penitencia, así los demonios, capitales enemigos nuestros, se alegran y triunfan cuando un justo desampara la penitencia?

Pues si esta alegría es propia de los demonios, enemigos de Dios y nuestros, ¿qué podemos juzgar de los que en estas caídas se alegran, sino que tienen el mismo espíritu de ellos, pues así se alegran como ellos? Y si la alegría de los demonios nace de ser enemigos de Dios y nuestros, ¿qué podemos aquí juzgar de los que en estas caídas se alegran, sino que tienen el mismo espíritu de ellos, pues así se alegran como ellos? Y si la alegría de los demonios nace de ser enemigos de Dios y nuestros, ¿qué podemos aquí juzgar de los que así se alegran sino que son enemigos de Dios y nuestros? Porque si fueran verdaderamente amigos, llorarían nuestros males y no se alegrarían como ellos. Dijo Nuestro Salvador que Zaqueo, el público y de linaje de gentiles, era hijo de Abraham, porque imitaba la santidad de él; ca de aquél se llama uno en la Escriptura hijo cuyas obras imita. Pues ¿cuyos hijos llamaremos a éstos, que imitan al Demonio y se alegran de lo que él se alegra y hacen fiesta de lo que él la hace, sino del mismo Demonio?

Estos, pues, con sus escarnios, son impedimiento, de la virtud, ponzoña del mundo, escándalo de los flacos, compañeros de Herodes, que buscan a Cristo recién nacido en las ánimas de los nuevos para matarlo; lobos vestidos de piel de oveja para engañar; zizania que ahoga la simiente de la palabra de Dios para que no crezca en las ánimas; hombres desalmados, que no tienen de cristianos más que la crisma, y la fe y esperanza muertas para que, por esa fe que tienen, sean juzgados cuando de esta vida partieren.

¡Cuán diferente era el espíritu y ánimo del grande emperador Constantino, de quien se escribe esta memorable sentencia: «Si viese caído un sacerdote en algún pecado, yo mismo le cubriría con mi mano por evitar el escándalo y mal ejemplo que de aquí se sigue a los flacos»! Pues considerando el Apóstol estas caídas, y sintiendo el escándalo que de aquí se seguía a los flacos, dice: ¿Quién está flaco que yo no lo esté? Y ¿quién se escandaliza que yo no me abrase? ¡Quién tuviera ojos para ver de la manera que ardían las entrañas de este apóstol cuando veía una ánima por quien Cristo derramó su sangre, caer del estado de la gracia en las uñas y garganta del dragón infernal! Y no menos sentía esto el real profeta, cuando decía: Vidi prevaricantes et tabescebam. Dando a entender que se deshacía y consumía su ánima cuando consideraba las ofensas que se hacían contra Dios.

II. De la gravedad del pecado del escándalo y del azote con que Dios lo castiga

Mas ¿quién declarará con palabras la gravedad de este pecado que llamamos escándalo? Y por escándalo no entendemos aquí la admiración y espanto que los hombres conciben con semejantes caídas, sino por este término entendemos, en rigor de Teología, cualesquier palabras y obras con que damos a otros motivos para pecar y apartarse del bien. Pues cuán grande sea este pecado, decláralo el Salvador en el Evangelio por estas palabras: Quienquiera que escandalizare uno de estos pequeñuelos que en Mí creen seríale mejor que le atasen una piedra de molino al cuello y lo sumiesen en el profundo de la mar. ¡Ay del mundo por razón de los escándalos porque, supuesta la malicia de los hombres, no pueden faltar escándalos; mas, ¡miserable de aquél por quien el escándalo viene!

Ni faltan ejemplos para declarar la gravedad de este pecado. Todos sabemos cuán grande fue el pecado de David cuando tomó la mujer ajena y mató a su marido; y lo que Nuestro Señor encareció en este pecado fue el escándalo, diciendo: Quonian blasphfemare fecisti inimicos nomen Domini. Esto es, Porque diste motivo a las naciones comarcanas de blasfemar el nombre del Señor, poniendo mácula en Él, y diciendo que era injusto, pues había escogido para rey de su pueblo un hombre que cometió un tan gran pecado. Y por esto le envió el mismo Señor a decir que el niño que había nacido de aquel adulterio moriría en pena de este escándalo. Y por más oraciones que hizo David y más lágrimas que derramó y más extremos que hizo por la vida de aquel niño (tanto que sus criados no le osaban dar la nueva de su muerte, pareciéndole que reventaría de dolor); con todo esto, nunca Dios lo quiso oír.

Y aunque éste es un grande argumento de la malicia de este pecado, otro os contaré mayor de dos sacerdotes, hijos del sumo sacerdote Helí; los cuales usaban tan mal del oficio sacerdotal que retraían los hombres del culto y servicio de Dios. Y así dice la Escriptura: Erat igitur peccatum puerorum grande nimis coram Domino, quia retrahebant homines a sacrificio Domini. Y en este tiempo apareció Dios de noche al niño Samuel, mandándole que dijese a Helí que Él haría un tan gran castigo en el pueblo de Israel que quienquiera que lo oyese le retiniesen las orejas; porque sabiendo el escándalo que sus hijos daban al pueblo, no los castigó con el rigor que el caso pedía. Y el castigo que de ahí a poco se siguió fue que, viniendo los filisteos a hacer guerra a los hijos de Israel, en la primera batalla les mataron cuatro mil hombres; por lo cual los capitanes del ejército enviaron por el arca del Testamento, en que tenían puesta su confianza, para que los defendiese de sus enemigos. Traída, pues, el arca, sucedió el negocio tan al revés de lo que pensaban que, travada la batalla (cosa de grande admiración), los filisteos mataron treinta mil hombres de los hijos de Israel, y prendieron la misma arca del Testamento, y los dos sacerdotes, hijos de Helí, que venían con ella, murieron en la misma batalla; y la mujer de uno de ellos, oída la muerte de su marido, murió de parto; el sumo sacerdote (que era ya muy viejo), oídas estas tan tristes nuevas, y más la prisión del arca, estando sentado en una silla, cayó de espaldas, y se hizo pedazos la cabeza. Por donde se entenderá con cuánta razón dijo Dios que haría por aquel pecado de escándalo un castigo tan grande, que a quienquiera que lo oyese le retiniesen las orejas.

¿Pues quién, oyendo éste tan terrible azote, no temblará de este pecado; el cual, en cierta manera, podemos decir ser el mayor de los pecados por grandes que sean? Porque todos los otros pecados, aunque sean grandes, no dañan más que al hombre que los hace, mas éste daña a sí y daña a los otros que aparta del camino de Dios. ¿Pues, con qué se satisfará este daño, que es matar una ánima que Cristo compró con su sangre? Porque si oro es lo que oro vale, sangre de Cristo es lo que esa sangre costó.

Mas, con todo esto, procure el hombre descargarse de esta culpa en la manera que le fuera posible. Del santo fray Raimundo (que recopiló las Decretales, por las cuales hoy día se gobierna la Iglesia) se escribe que tomó el hábito de nuestra Orden. Y la causa fue porque, estando en el mundo, había persuadido a un mancebo que no fuese religioso; y, herido con este escrúpulo, parecióle que no tenía otro medio más conveniente para satisfacer este daño que tomar él el mismo hábito que había impedido. En la Ley antigua mandaba Dios que el que hiriese a una mujer preñada y la hiciese abortar y malparir estando ya la criatura en el vientre animada, que pagase con su propia vida la que había quitado a la criatura. Pues esto mismo hacen los que con escarnios y vanos temores ignominiosos retraen del buen camino a los que han concebido en sus ánimas a Cristo, que es el buen propósito de servirlo. De donde se sigue que si estos hombres se condenaren, no solo padecerán penas por sus propias culpas, sino también por las de aquellos que pervirtieron. Por lo cual todo entenderá el cristiano cuán justo fue aquel ¡ay! y aquella exclamación de Cristo, cuando dijo: ¡Ay del mundo por razón de los escándalos!

Y con ser esta culpa tan grande, no faltan algunos cristianos que, o por ser faltos de devoción o por su particular inclinación, tienen una manera de hastío y asco a todos los ejercicios de devoción, y a las personas que los ejercitan, diciendo que son devocioncillas y cosas de mujercillas. Y de aquí nace que, cuando sucede alguna caída de éstas, luego se alegran y hacen fiesta, y se confirman en la mala opinión que tienen de estas cosas. A los cuales está ya promulgado el azote de Dios por Salomón que dice: El que se alegra en la caída de su prójimo no quedará sin castigo; porque o en esta vida o en la otra será más rigurosamente castigado.

Y no faltan algunos predicadores que tienen el mismo afecto y disgusto de aquestos; y aún pasan tan adelante, que vienen a revesar en los púlpitos la poca devoción que tienen en sus corazones. Los cuales parece que de mastines que habían de guardar el ganado, se hacen lobos que los derraman; pues habiendo de animar y esforzar a los flacos y reprimir las lenguas de los maldicientes, los ayudan con algunas puntadas que dan en sus sermones con que desmayan y escandalizan los pequeñuelos.

Y para afear esto no dejaré de referir aquí una providencia notable del Serenísimo rey de Portugal don Enrique; el cual, siendo cardenal y Inquisidor General de este reino, tenía cuidado (cuando alguna persona que profesaba virtud y devoción era castigada por el Santo Oficio) mandar a todos los predicadores que no hablasen palabra alguna con que se pudiese entiviar y enflaquecer la devoción del pueblo. Este era pecho verdaderamente cristiano, muy semejante al que el Apóstol tenía cuando decía: ¿Qué está flaco que yo no lo esté? ¿Y quién se escandaliza que yo no me abrase? Pues así temía este príncipe el escándalo que los pusilánimes conciben con las palabras dicha de aquel lugar de verdad. Y si a los predicadores parece bien el celo de este cristianísimo príncipe, procuren imitarlo; y entiendan que su oficio es esforzar los flacos en estas ocasiones y no desmayarlos, pues basta al diablo su malicia sin que ellos la acrecienten, favoreciendo a los que por su poca devoción condenan la devoción de los otros.

Estos son los que suelen decir que basta rezar un Pater noster y comulgar una vez en el año y no curar de esas novedades y santimonias. ¿Pues qué dirán éstos a San Pablo, el cual quiere que los hombres hagan oración en todo lugar, y en otra parte nos aconseja hacer oración sin cesar? Y, en otro lugar, repite la misma sentencia, diciendo: Daos a la oración con toda instancia, velando y perseverando en ella con hacimiento de gracias. Pues si San Pablo, en quien Cristo hablaba, nos pide tan continua oración, ¿cómo decís vos que basta un Pater noster? Y si no os mueve lo que dice San Pablo, muévaos el mismo Cristo, el cual, en un lugar, dice que conviene orar siempre sin cesar; y en otro, apercibiéndonos y previniéndonos para el día de la cuenta que todos habemos de dar (pues todos habemos de ser presentados ante el tribunal de Cristo), nos manda que velemos y hagamos oración en todo tiempo para que seamos merecedores de escapar de todas las plagas que han de venir al mundo antes del juicio final. Cotejemos, pues, agora estas palabras y consejos de Cristo con vuestros pareceres. Vos decís que basta un Pater noster en este tiempo; Cristo dice tantas veces como habéis oído, que hagamos oración sin cesar. Una de dos ha de ser: o el Evangelio yerra o vos erráis, pues los pareceres son contrarios; mas el Evangelio es imposible errar, luego síguese que vos sois el que erráis y os engañáis. Mas, replicaréis vos diciendo que en esta sazón de tiempo conviene lo que decís. Bien sabía esto el Hijo de Dios, que es Juez de todos los siglos, y no hace esa distinción que vos hacéis. Antes cuanto los tiempos fueren más peligrosos, tanto mayor necesidad hay de estas armas espirituales; como lo mostró el mismo Señor, cuando, al tiempo de su pasión, armó sus discípulos con ellas, diciendo: Velad y orad porque no caigais en tentación. Pues luego ¿qué tan grande desatino es al tiempo de la batalla rendir las armas cuando las hubiérades de tomar? Porque si es gran peligro hacer esto en las batallas corporales, ¿cuánto mayor lo será en las espirituales, que son más peligrosas y donde se aventura más que es perder la vida eterna?

Mas a todo lo que hasta aquí se ha dicho me podréis responder: padre, esta continuación de oración que vos alegais de San Pablo y del mismo Cristo, no pertenece a los preceptos y mandamientos divinos, sino a los consejos, a que no estamos obligados, porque en la Iglesia cristiana hay perfectos e imperfectos, hay flacos y principiantes, a los cuales San Pablo da leche de doctrina como a niños; y ésta es la mayor parte del pueblo cristiano. Respondiendo pues a esto, querría yo dar aquí un grande y necesario desengaño a todos los que desean salvarse. Sabed, pues, que por flacos y principiantes que sean los hombres, están obligados a evitar todo pecado mortal, so pena de estar en mal estado; y entre los mortales, el de la fornicación que es el más ocasionado. Por donde en el primer concilio que se celebró en el mundo, en que se hallaron los Apóstoles, fue muy detestado este vicio. Porque, moviéndose en el principio de la Iglesia una grande duda sobre si los que se convertían de la Gentilidad a la fe estaban obligados a guardar la ley de Moisén, en este sacro concilio se determinó que no estaban obligados a esta guarda, sino que les mandasen que se apartasen del pecado de la fornicación, y de comer las carnes sacrificadas a los ídolos. Y es cosa mucho de notar que, habiendo otros muchos pecados mortales que todo fiel cristiano está obligado a evitar, de solo éste se hizo mención en aquel primer concilio del mundo. Preguntaréis la causa. Ésta es ser este pecado el más ocasionado de cuantos hay; porque tiene el hombre al enemigo de sus puertas adentro, por donde, aunque no haya Demonio que le tiente de fuera, la concupiscencia y la mala inclinación de su carne basta para hacerle guerra continua. La cual inclinación es tan vehemente, que confiesan los teólogos que en ninguna parte quedó la naturaleza humana más cruelmente herida por el pecado original que en esta inclinacion que sirve para la propagación del género humano; pues como los Apóstoles, llenos del Espíritu Santo, entendían muy bien esta Teología, aquí pusieron mayor recaudo, donde reconocían mayor peligro. Y, conformándose el apóstol San Pablo con este decreto apostólico, escribiendo a los de Tesalónica, les encomienda esta misma guarda por estas palabras: Hermanos, ruegoos y pidoos con toda instancia que procureis agaradar a Dios y vivir de la manera que yo os enseñé, pues bien sabeis, dice Él, los preceptos y mandamientos que de parte de Cristo os tengo dados. Porque la voluntad de Dios no es otra que la santificación de vuestras vidas, y ésta es apartaros de toda fornicación; para que sepa cada uno conservar su cuerpo con santidad y honra y no con deseos apasionados, como hacen los gentiles, que no conocen a Dios los cuales andan sumidos en el cieno de este vicio sensual. En las cuales palabras veréis cómo resume el Apóstol la voluntad de Dios y la santificación del hombre en apartarse de este vicio carnal. Por donde, considerando aquel grande monje Antonio el estrago que este espíritu de fornicación hacía en el mundo, tuvo deseo de ver cosa que tanto daño hacía; al cual apareció en figura de un negrillo muy feo; y así le dijo el santo: «En figura vilísima me has aparecido y por eso de aquí adelante no tengo de haber miedo».

Digo, pues, que por nuevo y principiante que sea un cristiano, está obligado a vencer este enemigo tan familiar y tan poderoso, guardando castidad. «Y sabemos (como dice San Agustín) que entre todas las batallas de los cristianos las más recias son las que militan contra esta virtud; donde es cotidiana la batalla, y muy rara la victoria.» Y lo que es aún más de temer, que no solo estamos obligados a guardar castidad en el cuerpo, sino también en el ánima. Ca por esto dijo el Salvador: quien viere una mujer y la codiciare, ya tiene cometido adulterio en su corazón. Porque en el juicio de Dios todo es uno, la obra y el deseo determinado de ella, así en el bien como en el mal. Por donde tanto mereció Abraham estando aparejado para sacrificar su hijo, como si de hecho lo sacrificara; y así no menos peca el que desea cometer este pecado, que si por obra lo cometiera. Pues según esto, como Sant Hierónimo dice, *Quis gloriabitur castum se habere cor?* Quiere decir: ¿Quién se gloriará de tener casto y limpio su corazón, si no procura todas las otras diligencias que se requieren para la guarda de esta limpieza?

Entre las cuales, la primera es la oración (de que arriba tratamos), que es arma general contra todas las tentaciones del enemigo. Otra, es la templanza en el comer y beber; porque enflaquecida la carne con la templanza, enflaquécense también los apetitos y encendimientos que nacen de ella. Otra, es la guarda de los ojos, que son puertas del ánima, por las cuales muchas veces entra la muerte: como entró a David, y a nuestra primera madre. Otra es, y muy principal, huir las ocasiones de este vicio, y la comunicación de personas de sospechosa edad, aunque sean virtuosas; porque éstas afecionan más los corazones con la muestra de la virtud. Y es tan grande esta tentación, que San Agustín afirma que en su tiempo vio por esta ocasión caídos cedros del monte Líbano y guías de la manada y grey de Cristo, esto es, personas de grande opinión de santidad caídas en pecado: «de cuya caída no dudaba yo más, dice él, que de Ambrosio y Hierónimo». Ved, pues, agora vos, qué debe de hacer la vara tierna del desierto, cuando ve caídos cedros del monte Líbano. Quiero decir, qué deben sentir los flacos, que son como caña vana que se muda a todos vientos, cuando ven éstos tan fuertes y tan levantados en santidad, tan feamente caídos.

Pues si éstos, por solo no evitar la ocasión susodicha, dieron tan gran caída, ¿qué será de vos, hombrecillo flaco, que tan lejos estáis de esta santidad, y decís que para ir al cielo basta un Pater noster, sin esas novedades y santimonias de algunos? No quiero alegar contra vos otro testigo sino vuestra misma consciencia. Meted la mano en vuestro seno y examinad los secretos y rincones de vuestro corazón y ved los que esto decís y hacéis de la manera que guardáis la limpieza de vuestra ánima; y muchos hallaréis en quién se verifica lo que dice un apóstol: Habentes oculos plenos adulterii, et incesabilis delicti, esto es, «que tienen los ojos llenos de adulterios y de delitos que nunca cesan». Y dice esto, porque están tan desapercibidos y desproveídos de armas espirituales contra este vicio, que apenas abren los ojos para ver cosa de codicia, que no la codicien. Y esto es lo que llama este apóstol delicto que nunca cesa; porque, por maravilla, se ofrece a los tales esta ocasión, que no den de ojos en ella, por no andar apercibidos con estas armas susodichas.

III. Reprehensión de los flacos, que por vanos temores aflojan de sus buenos propósitos

Mas dejemos agora éstos y vengamos a los flacos; de los cuales dijimos que en estas caídas públicas de los buenos desmayan y desisten de sus buenas obras y devotos ejercicios por miedo del mundo. Los que esto sienten, y así lo hacen y dicen, mas parece que viven con el mundo que con Cristo pues, por temor del mundo, dejan a Cristo. Deberían los tales acordarse de lo que aprendieron en las cartillas, que es ser el mundo uno de los tres enemigos del alma, no menos pernicioso que los otros dos. Por donde a éste atribuye el Salvador la ceguedad de los príncipes de los judíos, los cuales, conociendo que Él era el verdadero Mesías, no lo osaban confesar; porque, como dice el mismo Señor, amaron más la gloria del mundo que la de Dios. Y a otros también reprehende por la misma causa, diciéndoles: ¿Cómo podéis vosotros creer, pues buscáis la honra y gloria unos de otros, y no curáis de la verdadera gloria que viene de Dios?

Pues con éstos juntemos los que por este mismo respecto del mundo no osan declararse con buenas obras por siervos de Cristo. Contra los cuales dice Salviano: Qualis inter christianos Christi honor est, ubi religio facit ignobilem? Quiere decir: «¿Cuál es la honra que tiene Cristo entre sus cristianos, cuando mostrarse uno siervo suyo es caso de menos valer?» Por este miedo humano negó San Pedro. Y no es tanto de maravillar que hubiese vergüenza de parecer discípulo de un hombre preso y reputado por engañador del mundo; mas vos pasais adelante porque teneis vergüenza de parecer discípulos de Cristo creyendo agora que reina en Cielos y en Tierra y está sentado a la diestra del Padre. Con razón podemos temer que en el día del juicio tomará Dios a San

Lorenzo, o a cualquier otro mártir y, mostrando las señales de las heridas que recibió, os dirá: Este santo no dudó confesarse públicamente por discípulo mío, aunque sabía cuántas heridas le había de costar: y vos, por unas niñerías y vanos temores del mundo, dejáis de declarar por las obras que sois discípulo mío.

Así que, Señor, el mundo es honrado de nosotros, desamparando a Vos. Si el mundo aprobare nuestro servicio, serviros hemos; y si lo reprobaren y contradijeren, dejarlo hemos. De modo que en el albidrío del mundo está puesto nuestro servicio para con vos. ¿Pues cómo no vemos cuán grande sea este descomedimiento contra aquella soberana majestad? Y así contra ellos dice Él: Quien tuviera vergüenza de parecer mi siervo delante de los hombres, yo me despreciaré de tal siervo, cuando venga en mi majestad y gloria en presencia de mi Padre y de sus ángeles. Y de éstos dice Salomón: *Aversio parvulorum interficiet eos*. Quiere decir que por temores de niño y de cosas de aire vienen a apartarse del bien. Y de éstos mismos dice David: *Sagittae parvulorum factae sunt plagae eorum*. Quiere decir, que por medio de las saetas de ballestillas de niños desisten de los ejercicios virtuosos, dejan las buenas obras y se apartan de Dios; porque, ¿qué son sino ballestillas de niños las murmuraciones y nombres ignominiosos con que el mundo persigue a los flacos? Muchos de los cuales son como bestias espantadizas que, sin haber cosa de peligro, se espantan y huyen; porque, bien mirado, sombra es y cosa de aire todo lo que el mundo hace y puede hacer en disfavor de la virtud.

Crece aun este miedo de los pusilánimes y flacos cuando la caída de algún bueno, o tenido en cuenta de bueno, viene a ser castigada públicamente por el Santo Oficio; porque éste es el caso con que más se acobardan los que aún no están fundados y arraigados en la virtud. Y es éste un temor tan contra razón como si las ovejas tuviesen miedo de su mismo pastor que es el que con mayor solicitud las guarda y defiende de los lobos. Porque ¿qué otra cosa es el Santo Oficio sino muro de la Iglesia, columna de la verdad, guarda de la fe, tesoro de la religión cristiana, arma contra los herejes, lumbre contra los engaños del enemigo y toque en que se prueba la fineza de la doctrina si es falsa o verdadera? Y si lo queréis ver, extended los ojos por Inglaterra, Alemania, Francia y por todas esas regiones septentrionales donde falta esta lumbre de la verdad, y veréis en cuán espesas tinieblas viven esas gentes, y cuán mordidas están de perros rabiosos y cuán contaminadas con doctrinas pestilenciales. ¿Y qué fuera de España si, cuando la llama de la herejía comenzó a arder en Valladolid y en Sevilla, no acudiera el Santo Oficio con agua a apagarla? Y por aquí veréis que como entre las plagas de Egipto fue una cubrirse toda la tierra de tinieblas escurísimas, mas en la parte donde habitaban los hijos de Israel había clarísima luz; así podemos con razón decir que estando todas esas naciones escurecidas con las tinieblas de tantas herejías, en España y Italia, por virtud del Santo Oficio, resplandece la luz de la verdad. Así que, hermanos, los que sois católicos y dados a los ejercicios de virtudes y buenas obras, no tenéis por qué temer. Porque como dice el Apóstol, *Principes non sunt timori boni operis, sed mali. Vis non timere potestatem? Bonum fac, et haberis laudem ab illa.* Quiere decir: «Los príncipes y jueces de la República no son para causar temor de las buenas obras sino de las malas. Si quieres no temer este tribunal, haz buenas obras y por él serás alabado». De modo que este santo tribunal no es contra vos sino por vos; porque a él pertenece hacer huir los lobos de la manada, y proveerla de pasto conveniente que es de doctrina sana y limpia de todo error.

Teman, pues, los malos y los engañadores; mas los que sinceramente buscan a Cristo, con buenas obras y ejercicios virtuosos, no tienen por qué temer. Cuando aquellas santas mujeres iban al sepulcro a ungir el cuerpo del Salvador aparecióles un ángel con el rostro resplandeciente como un relámpago; con lo cual, espantadas las guardas de los soldados, cayeron en tierra como muertos; a las santas mujeres consoló el ángel con blandas palabras, diciéndoles: Nolite timere vos. Como si dijera: estos enemigos de Cristo y siervos del Demonio teman y tiemblen y caigan en tierra como muertos; mas vosotras que buscáis a este señor y venís a ungir su cuerpo, y hacerle este devoto servicio (aunque no necesario) no tenéis por qué temer, sino por qué alegraros; pues hallaréis vivo al que buscábades muerto, y daréis esta buena nueva a sus discípulos. El rey Asuero, que era monarca del mundo, tenía puesta pena de muerte a quien entrase en la sala donde él estaba. Entró, pues, la reina Ester sin su licencia, y viendo al rey airado, desmayó y cayó en tierra. Entonces el rey airado, desmayó mucho, la esforzó y consoló diciéndole que no temiese; porque aquella ley no se entendía en ella sino en los atrevidos y descomedidos. Pues conforme a esto os digo, hermanos, que el justísimo tribunal del Santo Oficio no es para que teman los domésticos y familiares siervos de Cristo, sino los ajenos, engañosos y pervertidos con falsas doctrinas. Y por tanto sabed, que la mayor ofensa que podéis hacer al Santo Oficio es aflojar en la virtud y buenas obras por este temor tan sin fundamento.

Mas, por ventura, dirá alguno de estos flacos: veo que una persona que tenía grande opinión de santidad y frecuentaba los sacramentos y oraciones, vino a dar en una caída pública;

y temo yo no venga también este azote por mi casa: esto es lo que me hace desmayar. Pregúntoos yo agora: ¿Cuántas personas os parece que habrá en la Iglesia cristiana que se ocupen en buenas obras y santos ejercicios sin ninguna ficción ni engaño que no han caído, antes vemos a muchos perseverar por la virtud hasta el fin de la vida? ¿Pues qué seso es poner los ojos en una sola persona que cayó, y no en tantas virtuosas que perseveran y están en pie? ¿Por qué os ha de mover más la flaqueza de uno para haceros desmayar que la constancia de muchos (de que está llena la Iglesia) para os esforzar? Porque es cierto que el Espíritu Santo que bajó sobre los apóstoles el día de Pentecostés, nunca más desamparó ni desamparará la Iglesia; y así siempre habrá en ella muchos que sean templos vivos donde Él haga su morada, los cuales despreciando el mundo con sus locos juicios y pareceres, se rijan por este juicio y doctrina de la Iglesia. Siendo, pues, esto así, ¿por qué ha de poder más con vos la caída de uno que la perseverancia de todos aquéllos en quien el Espíritu Santo mora?

Quiero mostraros con un ejemplo cuotidiano la poca razón que en esto tenéis. Decidme: ¿cuántas mujeres recién casadas mueren de parto? Diréis que algunas. ¿Pues dejan por esos miedos los padres de casar sus hijas? Claro está que no. Porque sería gran locura, por unas pocas que de esa manera peligran, dejar de dar remedio a sus hijas. Porque no miran los hombres cuerdos a esas pocas que peligran, sino a otras muchas que tienen dichosos y felices partos. Pues ruégoos me digáis si ése es juicio y consejo acertado, ¿por qué no usaréis de ese mismo discurso en el negocio de vuestra salvación, que es no poner los ojos en uno que cayó, sino en millares de buenos que perseveran en el bien? Muchas mujeres que mueren de parto no os desmayan, ¿y una sola persona caída os acobarda y retira del bien? Tenéis ojos para mirar en un solo mal ejemplo, ¿y estáis ciegos para ver tantos buenos ejemplos?

¿Queréis que os diga de dónde nace este juicio tan pervertido? Nace del grande amor que tenéis al mundo y a los bienes temporales, y del poco que tenéis a Dios y a los bienes espirituales; y por esto, lanzas y peligros que se os atraviesen, no bastan para retiraros de procurar los temporales; y una pequeña paja que se os ponga delante os hace desmayar en el amor de los espirituales. Allí engullís y tragáis los camellos, y aquí os ahogáis con un mosquito. ¿Queréislo ver más a la clara? Decidme: ¿cuántos hombres de los que van a las Indias mueren en esta jornada?; ¿cuántos de los que navegan come la mar?; ¿cuántos mueren en las guerras? Diréis que muchos. ¿Dejan, pues, los hombres por estos peligros de navegar o militar o ir a las Indias? Claro está que no; porque el amor grande del interés les hace tragar todos esos inconvenientes. Y con ser esto así, basta para desistir de lo que toca a la salvación de vuestras ánimas una sola sombra de peligro. ¿Véis luego la raíz donde procede esta desorden? Y esto es de lo que San Agustín, hablando con Dios, se queja y maravilla, diciendo: «Soberano Hijo de Dios, a quien el Padre entregó todo juicio, ¿cómo consientes que los hijos de la noche y de las tinieblas trabajen y hagan más por las riquezas perecederas y por las vanidades del mundo, que nosotros por Ti, que nos criaste de nada y redimiste con tu sangre y nos tienes prometida tu gloria? ¿Pues qué cosa más desordenada y más injuriosa a la Divina Majestad que anteponer el polvo de la tierra a quien nos promete los tesoros del Cielo?».

¡Cuán diferentes eran los ánimos de los cristianos en la primitiva Iglesia!, pues viendo cada día las cárceles llenas de mártires y las calles y plazas regadas con su sangre; viéndolos despedazar y arrastrar y desmembrar y asar en parrillas y cocer en calderas de pez hirviendo; todo esto no bastaba para apartarlos de la fe y amor de Cristo. Y para vos, basta una sombra de peligro tan pequeño. Qué lejos estáis de decir aquellas palabras del Apóstol: ¿Quién nos apartará de la caridad y amor de Cristo? ¿La tribulación, la angustia, la desnudez, la hambre, el peligro, la persecución, la espada? Cierto estoy que ni muerte. ni vida, ni ángeles, etc., ni otra criatura alguna podrá apartarnos del amor de Cristo. Y a vos, hermano, un mosquito basta para esto. Parece que está en vos la virtud pegada con alfileres, pues tan pequeñas ocasiones bastan para hacérosla dejar.

IV. Por qué permite Dios estas caídas y escándalos en el mundo

Mas, por ventura, preguntará alguno cuál sea la causa porque Nuestro Señor (por quien se gobierna la Iglesia) permita estos escándalos y caídas con otros males aún mayores, como son varias sectas y herejías, que hacen mayor daño. A esto responde el mismo Señor, diciendo: *Tentat vos Dominus Deus vester ut palam fiat utrum diligatis Deum in toto corde et in tota anima vestra an non.* Quiere decir: «Permite Dios que seáis tentados para que se manifieste si amáis a Dios con todo vuestro corazón y ánima o no». Pues por esto permite Él estos escándalos y tentaciones, porque por aquí se vea quién ama a Dios de veras y quién no, quién es leal y fiel y quién desleal y infiel, quién es fuerte y constante y quién caña liviana que se mueve a todos vientos. Véis aquí, hermanos, el fructo que se saca de estos escándalos, que es conocimiento de vos mismos, en que se funda la humildad, fundamento de toda la vida espiritual. Porque en estos peligros sucede lo que dice Salomón: que el justo permanece como el Sol, más el loco se muda como la Luna.

La diferencia de estos dos estados declaró el Salvador con una divina comparación, que dice así: Los fuertes edifican sobre piedra firme, y por esto no hay batería que los derribe; y los flacos edifican sobre arena, y por esto cualquier viento o lluvia les derriba la casa. Lo mismo también se ve en la trilla del pan, donde el viento se lleva la paja liviana, mas el trigo se queda en su mismo lugar. El oro y la plata echados en el fuego, se purifican y quedan más hermosos; pero la paja y la leña se convierten en ceniza. Lo mismo nos declara el Eclesiástico por otra semejante comparación, diciendo: *Vasa figuli probat fornax, et homines justos tentatio tribulationis.*

Quiere decir, como declara San Agustín: «El vaso de barro bien amasado, echado en el horno, se fortalece y endurece más; pero el mal amasado, con el mismo calor, revienta y estalla; pues eso mismo acaece a los hombres buenos y malos, ofrecida la ocasión de la tribulación».

Y por todas estas comparaciones entenderéis que los flacos que con la ocasión de las caídas ajenas desmayan y desisten de sus buenos ejercicios, son, como decíamos de la Luna, que cada día se muda; son como pajas que se lleva el viento; son como barro mal amasado que revienta en el horno; son como caña vana que con cualquier soplo de viento se muda; y finalmente, son como el loco que funda su casa sobre arena, y así cualquiera tempestad la derriba. Esto solo debe bastar para que se conozcan y avergüencen los flacos y pusilánimes de la poca firmeza y constancia que tienen en la virtud.

Y como importa mucho que se conozcan los flacos, para que se humillen, así también conviene que se conozcan los fuertes, por el gran fruto que se sigue de ser conocidos por tales; y lo uno y lo otro se descubre en semejantes ocasiones y tentaciones. Lo cual dice San Pablo por estas palabras: *Oportet haereses esse, ut qui probati sunt manifesti fiant in vobis.* Quiere decir: «Conviene que haya en el mundo herejías y engaños de hombres malvados para que con esta ocasión se conozcan los verdaderamente buenos; los cuales ni con esta ocasión ni con otra alguna se alteran ni pierden su virtud y constancia; y con esto quedan refinados y apurados, como el oro en la fragua, donde se prueba su firmeza». Y así confiesa el Profeta haber sido probado y examinado, diciendo En el fuego de la tribulación, Señor, me probastes y no hallastes maldad en mí. Y importa tanto que el verdaderamente bueno sea probado y conocido por tal, que el mismo Apóstol hace un largo memorial de todas sus virtudes y trabajos, cárceles y azotes y naufragios que había padescido por Cristo, y de las grandes revelaciones que tenía, hasta decir que fue llevado al tercero Cielo. ¿Pues para qué fin esto? La respuesta es que esto hacía el Apóstol para acreditarse con los de Corinto, a quien había predicado y convertido a la fe; y quería probar que era verdadero apóstol de Cristo, para que se fiasen de su doctrina y no diesen crédito a los falsos apóstoles que pretendían desacreditarle. De modo que de este crédito pendía la verdad de la doctrina que él había predicado. Por donde entenderéis cuánto importa que el bueno sea conocido por verdaderamente bueno; pues por esta causa permite Nuestro Señor los escándalos y herejías, para que se conozcan los aprobados y verdaderamente buenos, porque con esto nos aprovechamos de sus ejemplos y consejos y de sus documentos y doctrinas; mayormente siendo los buenos como carbones encendidos, que abrasan y encienden aquéllos con quien tratan.

Para lo cual contaré aquí un ejemplo memorable que refiere San Agustín de los caballeros recién desposados: Los cuales aportando a una ermita, y leyendo en ella la vida del grande Antonio, determinaron renunciar al mundo y entregarse a Dios. Y por este mismo ejemplo las doncellas con que estaban desposados hicieron lo mismo, entrando en religión; tanto pueden los buenos ejemplos. ¿Qué más diré sino que el mismo San Agustín, que hasta los treinta años de edad fue hereje maniqueo, movido por este ejemplo, vino a ser de hereje una lámpara clarísima del mundo, de quien canta la Iglesia que después de los apóstoles y profetas tiene el segundo lugar en la iglesia cristiana?

Veis aquí pues, respondido a la causa por qué permite Nuestro Señor haber estos escándalos en la Iglesia: para que por ellos el perfecto y imperfecto, y el fuerte y el flaco sean conocidos; y el que se hallare fuerte, dé gracias a Dios por su fortaleza; y el que se hallare flaco, se humille y diga con el Profeta: Si el Señor no me ayudara, poco faltó para dar una gran caída. Pues por esta causa pedía David a Dios que le tentase y le examinase: porque hasta verse en alguna tribulación, no podía tener entero conocimiento de sí mismo.

Porque muchos se engañan con una sombra y imagen de virtud, y con una ternura de corazón que llega hasta derramar lágrimas; los cuales con todo esto desmayan y cayen en el tiempo de la tribulación.

V. Del uso y frecuencia del Santísimo Sacramento y de la necesidad que de él tenemos para la defensa de nuestros espirituales enemigos

Al fin de este sermón (aunque salga algún tanto del propósito principal) me pareció tratar del uso y frecuencia del Santísimo Sacramento y de la necesidad que tenemos de Él; porque ésta es la que da motivo a los pocos devotos para murmurar de ella, pareciéndoles ser demasiada. Y por esto, será razón tratar, de ella y de los abusos que acerca de esta frecuencia pueden entrevenir. Y pues la divina Providencia no permite males, sino para sacar de ellos algunos bienes, veamos los que de estas ocasiones debemos sacar. De lo cual algo dijimos al principio de este sermón mas agora añadiremos lo demás.

Y aunque, en este género de argumentos, hable generalmente con todas las personas, pero más particularmente con las mujeres, que con los hombres. Y dígolo porque no sé qué plaga es ésta, que siendo este divino Sacramento el mayor tesoro y el mayor beneficio que después de la Sagrada Pasión se ha hecho al mundo, las mujeres parece que se han alzado con él; porque a muy pocos hombres vemos frecuentar este misterio. Por donde parece que para las mujeres es menester freno, y para los hombres espuelas muy agudas. Y no sé qué espuela sea más aguda, que decirles ser esta omisión y negligencia suya en alguna manera semejante al mayor de cuantos pecados ha habido en el mundo. ¿Escandalizaros heis de esto? Pues para que no os escandalicéis, acordaos de que caminando Nuestro Señor a Jerusalén a ofrecerse en sacrificio por la redención del mundo, viendo la ciudad, comenzó a llorar la calamidad grande que le estaba aparejada: Y esto por no haber querido reconocer el tiempo de su visitación, ni aparejarse para recibir aquel tan grande beneficio que les ofrecía Dios con la venida de su Unigénito Hijo para la salud y remedio de ellos. Pues ved, agora, vos la semejanza que tiene vuestra negligencia con aquella culpa; pues ofreciéndoseos el mismo Señor cada día en la Iglesia para remedio y salud de vuestras ánimas, no queréis recibir el bien que se os entra por las puertas. Por tanto vea cada uno la cuenta que dará a Dios de esta negligencia; pues ofreciéndoseos Él con tanta gracia, no le queréis abrir la puerta de vuestras ánimas.

Estos son, pues, los que dicen (como ya dijimos) que basta rezar un Pater noster, y comulgar una vez en el año, como lo manda la Iglesia: y que esotros espirituales ejercicios son para los que caminan a la perfección, y no para los imperfectos y flacos que es la mayor parte de la Iglesia. Quiero pues yo agora daros otro desengaño, no menos importante que el pasado. Y para esto quiero tomar este negocio dende sus principios, y traeros a la memoria que fuísteis baptizados, y que antes del Baptismo érades vasallos del Demonio y pertenecíades a su reino y, por virtud de este sacramento, fuistes librados de este vasallaje y cautiverio, y allí renunciastes al Demonio con todas sus pompas y vanidades y os armaron caballeros con todas las armas de las virtudes para pelear con este enemigo y señaladamente os ungieron con el Santo Oleo, como antiguamente se ungían los luchadores, porque habíades de pelear y luchar con este enemigo y con todos los demás. Y por esta razón vos previene luego el Espíritu Santo para esta batalla, diciendo: Hijo, allegándote al servicio de Dios, apercíbete con un santo temor y apareja tu ánima para la tentación. Y está tan cierta y aplazada esta batalla, que el santo Job dice que la misma vida del hombre es milicia y batalla sobre la tierra. Y reconociendo esto la Iglesia, manda dar cada noche un pregón general por todas las iglesias de la Cristiandad apercibiéndonos para esta guerra con aquellas palabras del apóstol San Pedro, que dice: Hermanos velad y estad sobre aviso, porque el Demonio, vuestro adversario, como león rabioso anda buscando a quien tragar. Y el apóstol San Pablo, al mismo tono, también nos previene y apercibe, declarándonos la potencia y fortaleza de nuestros adversarios y las armas con que nos habemos de defender, diciéndonos: No es nuestra pelea contra enemigos de carne y de sangre, sino contra los príncipes y potestades del infierno y contra los espíritus malignos que andan por este aire. Y después de declaradas muchas armas para esta pelea, finalmente concluye con ésta: *Per omnem orationem et obsecrationem orantes omni tempore in spiritu et in ipso vigilantes in omni instancia et obsecratione.* En las cuales palabras encomienda la instancia y continuación de la oración tan encarecidamente y con tanta repetición de las mismas palabras, queriendo que velemos en este ejercicio en todo tiempo. Y hace tanta fuerza en la oración porque estos enemigos no pueden ser vencidos sino con socorro del Cielo; y la oración es el correo que va allá y lo trae consigo a la tierra. Lo cual avisaba el Apóstol, como quien conocía las fuerzas de nuestros adversarios; porque pues ellos nunca cesan de combatirnos, nosotros no debemos andar descuidados.

Y cuales sean estos enemigos, en la cartilla lo aprendistes que son mundo, carne y Demonio. Y por mundo entendemos los hombres mundanales y vanos, que con sus pompas y vanidades y malos ejemplos nos incitan al mal. Y entendemos también por mundo los hombres malos y perversos, que con injurias, infamias, agravios, deshonras y falsos testimonios nos tientan de paciencia, y hacen guerra a la caridad, provocándonos a odios y malquerencias. Por carne entendemos lo que llaman los teólogos fomes peccati, que es el apetito sensual con sus malas inclinaciones y deseos; que es el manantial y seminario de todos los pecados. Y estos apetitos y pasiones atiza y enciende el mismo Demonio, de quien se escribe en el libro de Job, que con su vafo hace arder las brasas, que son los apetitos y ardores de nuestra carne. Y del mismo dice otra cosa terrible, y ésta es que a veces los enciende de tal manera que arden como un aceite que está herviendo a borbollones. Y esto acaece en algunas pasiones y tentaciones tan furiosas y vehementes, que le parece al hombre imposible vencerlas; puesto caso que en esto se engaña.

Del tercer enemigo que es el Demonio, no trato, porque ya sabéis que en el Evangelio se llama tentador, porque ningún otro oficio tiene perpetuamente sino éste, sin perdonar a nadie. «Porque, como dice San León papa: ¿A quién dejará de tentar, pues se atrevió a tentar al mismo Hijo de Dios» *Tantum enim sibi de naturae nostrae fragilitate promiserat ut quem verum experiebatur hominem, praesumeret posse fieri peccatorem.* Quiere decir, que tanto se prometía de la flaqueza de nuestra naturaleza que, viendo que este Señor era hombre, presumió que también podía ser pecador.

Quiero, pues, agora, hermanos, entrar con todos en cuenta. Si nos consta por lo dicho, que toda la vida del cristiano es una batalla perpetua y ésta con enemigos tan astutos, tan poderosos y tan crueles y malos, y no va menos en la victoria que el paraíso o el infierno; y en el santo bautismo fuimos ungidos y armados para esta milicia; ¿cómo vivimos tan descuidados y desapercibidos? ¿Qué es de la oración? ¿Qué es de la guarda de los sentidos? ¿Qué es del socorro de los sacramentos? ¿Qué es del huir de las ocasiones de los pecados? ¿Qué es de los ayunos y penitencias? ¿Qué es de la guarda del corazón, con todas las otras armas de esta caballería, mayormente sabiendo que no perdona a chicos ni a grandes, ni a perfectos ni imperfectos, pues se atrevieron a tentar al mismo Hijo de Dios? ¿Y vos, queréis excusar a los principiantes y novicios en la virtud, sabiendo que esos tales están tanto más cerca de caer cuanto menos raíces tienen echadas en la virtud? Porque si el principiante y el imperfecto estuviesen más libres y más seguro de los combates del enemigo, tuviérades alguna razón; mas no lo está sino en tanto mayor peligro cuanto su flaqueza es mayor; y así mayor necesidad tiene de armas y reparos para defenderse. Clara cosa es que el castillo muy fortalecido y pertrechado fácilmente se defiende; mas el flaco y desapercibido mayor necesidad tiene de socorro. Pues lo mismo decimos de los cristianos fuertes, y flacos: el fuerte, en medio de las llamas, está seguro; mas el flaco, a veces un soplo de viento, como es una vista de ojos desmandada, basta para derribarlo.

Y descendiendo más en particular, tres géneros de armas usaban los cristianos en la primitiva Iglesia: que eran, la palabra de Dios, y la Sagrada Comunión y la continua oración. Las cuales declara San Lucas diciendo: *Erant perseverantes in doctrina apostolorum, comunicatione fracionis panis, et orationibus*. Quiere decir: «Ocupábanse en oír la palabra de Dios de la boca de los apóstoles, y en la Sagrada Comunión, y en el ejercicio de la oración». Y más abajo dice que perseverando las mañanas en oración en el templo, iban a sus casas a recibir la Sagrada Comunión, porque no había entonces iglesias para este efecto. Y con estos tres santos ejercicios se fundó la Iglesia y se crió y creció hasta llegar a su perfección.

Mas entre estas armas espirituales la más poderosa es la Sagrada Comunión. Y así dice San Juan Crisóstomo: *Ut leones spirantes ignem, ab illa mensa discedimus, terribiles doemonibus effecti*. Quiere decir que, con la virtud de este Divino Manjar, salimos tan esforzados como leones que hechan fuego por la boca, y hacemos temblar los mismos demonios. Por donde San Hierónimo donde nuestra letra dice: *Panem angelorum manducavit homo*, traslada él: *Panem fortium manducavit homo*, para significar la fortaleza espiritual que este sacramento da a quien dignamente lo recibe. Y por esta causa, habiendo Nuestro Señor revelado a su Iglesia en tiempo de San Cipriano una grande persecución que se le aparejaba, escribe este santo obispo con otros treinta y siete obispos al papa Cornelio que dispense con algunos cristianos que estaban privados de la Sagrada Comunión, para que con la virtud de este Sacramento estuviesen fortalecidos y armados para la confesión de la fe. Porque, como dice él, *Idoneus non potest esse ad martyrium qui ab Ecclesia non armatur ad proelium. Et mens deficit, quam accepta Eucharistia non erigit et accendit.* Quiere decir «que no está esforzado para recibir martirio, a quien la Iglesia no arma con este sacramento». Porque es cierto que aunque en la torre de David, que es la Iglesia, hay todo género de armas espirituales para pelear en esta milicia, ninguna hay tan poderosa como la Sagrada Comunión. De lo cual tienen experiencia muchos que, viéndose muy apretados del enemigo y probando otros remedios, ninguno hallaron más eficaz que este divino sacramento, recibiéndolo con toda la humildad y reverencia que se le debe; por el cual cuasi miraculosamente fueron librados.

Siendo, pues, la vida del cristiano una perpetua guerra (como dijimos) y estando cercados de tan crueles y poderosos enemigos, y siendo la mejor arma de todas este divino manjar, ¿cómo dejamos de aprovecharnos de este grande esfuerzo que el Hijo de Dios nos dejó para esta batalla? ¿Cómo pasan tantos tiempos sin aprovecharnos de este socorro? De otra manera se hacía esto en el principio de la Iglesia, donde los fieles comulgaban cada día. La cual costumbre se continuó hasta el tiempo del papa Anacleto, que fue el quinto después del apóstol San Pedro. Y conforme a esto se alega un decreto suyo en que dice: *Omnes fideles, peracta consecratione, communicent, qui noluerint ecclesiaticis carere liminibus. Sic enim apostoli docuerunt et Sancta Romana Ecclesia tenet.* Quiere decir: «Todos los fieles acabada la consagración de la misa, reciban el Santo Sacramento, porque así lo enseñaron los apóstoles y así lo tiene la Santa Iglesia de Roma». Y aún más os diré, que las iglesias de España continuaron esta misma frecuencia hasta el tiempo de San Hierónimo, como él lo escribe en una epístola a Licinio Bético; lo cual redunda en grande gloria de nuestra nación, por haberse conservado en ella esta devoción del tiempo de los apóstoles.

Dirá, pues, alguno: siendo esto así, ¿por qué la Iglesia no nos obliga a comulgar más que una vez en el año? A esto responde Santo Tomás que la causa es la malicia y poca devoción de los tiempos. Porque al principio, cuando hervía más la devoción de aquellos primeros cristianos, se recibía este sacramento cada día. Después, disminuyéndose más la devoción el papa Fabiano redujo esta obligación a las tres Pascuas del año. Y como las cosas de la vida humana van siempre de mal en peor y una licencia trae otra licencia y un vicio otro vicio, viendo esto el papa Innocencio Tercero, redujo esta obligación a sola la Pascua de Resurrección; y esto no sin grande consejo y prudencia. Porque las leyes generales comprehenden fuertes y flacos, y éstos son los más. Y de éstos hay muchos enredados en pecados, de que no quieren salir: unos enemistados, que no se quieren reconciliar; otros, que tienen usurpados los bienes ajenos, y no quieren restituirlos; otros, que andan en bandos muy apasionados, heredados de padres y abuelos, sin dar fin a ellos; otros, que traen pleitos injustos, de que no quieren desistir, y ya que más no pueden, dilatan la causa con agravio notorio de la justicia; y otros aún más enredados que éstos en afecciones sensuales, de que no lleva remedio apartarlos, porque los tiene el Demonio presos con lazos de grandes afecciones. Pues si a éstos que tan obstinados están en su mal vivir, obligase la Iglesia a comulgar muchas veces en el año, correría gran peligro o que no obedeciesen o se atreviesen a comulgar indignamente, por no desistir de su pecado. Y por este tan justo respecto no los quiere obligar la iglesia más que una sola vez, dándoles un año entero de espera para descargarse de sus pecados y habilitarse para la Sagrada Comunión. Mas, con todo eso, los obliga a una comunión; porque si esto no hiciese, por ventura estarían toda la mayor parte de la vida sin comulgar; pues vemos agora que a poder de censuras y penas y publicación de su desobediencia, los traen a la comunión, lo cual es indicio que si no fueran compelidos y tenidos por infames, nunca se llegaran a este sacramento por no desistir de su pecado. Y por esto la Iglesia, con mucho consejo, ni los quiso obligar a muchas comuniones, porque los tales no comulgasen indignamente, ni quiso dejar de obligarlos a una, porque si no lo hiciera, muchos de ellos estuvieran sin comulgar toda la vida.

VI. Del aparejo y disposición que se requiere para la Sagrada Comunión

Pues dejando a estos miserables que por fuerza van a la comunión, tratemos de los que no están en mal estado como los pasados y procuran su salvación. Y pues habemos ya declarado la virtud y eficacia de este sacramento, para exhortarnos a frecuentarlo conviene que tratemos de esta frecuencia y, lo que hace más al caso, del aparejo que se requiere para ella.

Pues para esto la primera cosa y más esencial es limpieza de todo pecado mortal. Porque aunque otros sacramentos hay que se pueden administrar a los que están espiritualmente muertos, mas éste es sacramento de vivos, porque comer es obra de vivos, y este sacramento es manjar espiritual que se come; y por esto quien le recibe con consciencia de pecado mortal, come y bebe juicio y condenación para su ánima, como dice el Apóstol. Y por esto San Crisóstomo llamó a esta Mesa terrible, y que está llena de fuego para quemar a los que indignamente se llegan a ella; y así lo que es vida para unos, es ocasión de muerte para otros. Conforme a lo que dice un doctor que como el Sol, el agua y el aire crían y hacen crecer las plantas que tienen sus raíces vivas en la tierra; y por el contrario se secan, corrompen y pudren las que están muertas y fuera de ella, así este sacramento sustenta y acrecienta la gracia a las ánimas que viven en Dios; mas las que están muertas, con Él se endurecen y se ciegan, y se apartan más de Dios. Lo cual vimos claramente en el malvado Judas; de quien se escribe que acabando de recibir la Sagrada Comunión, entró en él Satanás. Ya había entrado cuando trató con los sacerdotes de la venta de Cristo; mas entonces entró en él poderosamente; y así no se pudo contener que no fuese luego a efectuar la prisión del Salvador. Y por esto le dijo

Él: Lo que haces, hazlo presto, mostrando en estas palabras que no recelaba la batalla de la Pasión, mas antes la quería apresurar. Esta misma comparación se pone en el mantenimiento corporal, el cual como da vida y sustenta a los sanos, así suele dañar a los cuerpos de los enfermos y lo mismo hace este manjar celestial.

Esta es, pues, la primera cosa que se requiere para comulgar dignamente. La segunda es, como dice Santo Tomás, actual devoción: que es llegarnos con amor y temor a este Pan de vida. Ca del amor nace el deseo y la hambre de él, y del temor, la reverencia y acatamiento que se le debe; y los unos y los otros honran a Dios, allegándose por amor y abstiniéndose por temor. De esta manera honraron al Salvador Zaqueo, el publicano, recibiéndole en su casa, y el Centurión confesándose por indigno de esta honra. «Pero regularmente hablando (como dice el santo doctor) más agradan a este Señor los que se llegan por amor, que los que se abstienen por reverencia y temor; porque más alabado es en las Santas Escripturas el amor que el temor.»

Y como son diferentes los afectos, así conviene que lo sean los avisos y consejos que acerca de esto se han de dar a los unos y a los otros; ca los unos han menester freno, y los otros espuelas.

Pues a los que han menester espuelas, que son los temerosos, se debe dar el aviso que en esta materia da San Cirilo diciendo: «Sepan todos los hombres baptizados y hechos participantes de la gracia de los sacramentos, que si por un temor o religión fingida están mucho tiempo sin comulgar, que se alejan del remedio de sus ánimas. Porque esta recusación parece que nace de algún temor y religión, es materia de escándalo y es lazo para las ánimas. Y por esto conviene trabajar con todas las fuerzas por limpiar el ánima de pecado; y asentado el fundamento de la buena vida, allegarse con grande confianza a recibir verdadera vida, que es el mismo Cristo».

A éstos también, cuando están muy medrosos de comulgar, por no ver en sí la devoción y fervor que desean, se les debe decir lo que el Salvador respondió a los que le calumniaban porque comía con publicanos y pecadores, diciendo que no tienen necesidad los sanos de médico, sino los enfermos; y que no vino a este mundo a buscar los justos (porque ninguno había) sino a los pecadores. Y a éstos llama Él con entrañas de caridad y con palabras suavísimas, diciendo: Venid a Mí todos los que estáis trabajados y cargados con el peso de vuestra mortalidad y de vuestros pecados; porque yo os daré alivio y refrigerio.

Otra cosa se debe decir a los tales, de grandísimo esfuerzo y consolación. Y ésta es que los que no tienen consciencia de pecado mortal, que es por haberse enteramente confesado y no sienten en sí propósito de cometer pecado mortal; no teniendo contrición verdadera, sino sola atrición, llegándose con esta disposición a la Sagrada Comunión, se hacen de atritos contritos. De donde se infiere una cosa de grande consolación y esfuerzo y de grande admiración de la divina Bondad, que por tantas vías encamina nuestro remedio; y ésta es, que puede un hombre llegarse a comulgar en tal disposición, que si entonces muriese, sin la comunión, se condenaría; y comulgando, se salvaría; porque con sola atrición nadie se puede salvar; mas, si con atrición se junta el sacramento, hácese el hombre atrito contrito, y así se pone en estado de salvación; tanto puede la virtud de este sacramento. Más no por eso deje el hombre de hacer todo lo posible para llegarse dignamente a este divino Misterio. Todo esto procede de la virtud inestimable del Sacratísimo Cuerpo de Cristo, Nuestro Salvador; «el cual, como dice San Cirilo, da esta vida a los que dignamente lo reciben y los hace incorruptibles y inmortales, como Él lo es. Ca no es este Cuerpo de quienquiera, sino de la misma vida, y así participa la virtud del Verbo Encarnado, y está lleno de la virtud de aquél por quien todas las cosas viven y son. Porque como el hierro encendido en el fuego, quema también como si fuese fuego, por participar el calor y naturaleza de él; así, porque el cuerpo de Nuestro Salvador está unido con el Verbo Divino, participa la virtud de él y así da vida como El». Esta es, pues, una de las causas que deben mover a todos los fieles a frecuentar este Sacramento, para recibir esta vida, pues con esto se pueden animar los demasiadamente temerosos, representándose a Nuestro Señor como enfermos y pecadores, para cuyo remedio dice Él que vino. Y también se pueden excusar con decir que Él con su acostumbrada piedad los convida y llama, prometiéndoles refección y alibio de sus trabajos. Esto baste para esfuerzo de los temerosos, que han menester espuelas.

VII. De la reverencia y acatamiento que se requiere para la Sagrada Comunión. Y de los abusos que acerca de esto puede haber

Vengamos agora a los que han menester freno, que son los que por amor se llegan a esta mesa celestial con la hambre y deseo que de este amor procede. Y digo esto porque como el amor a veces es atrevido, es menester enfrentarlo con la discreción y templarlo con el temor, como lo aconseja David cuando dice: Servid al Señor con temor y alegraos delante de Él con temblor. Pues este temor concebirán en sus ánimas, considerando los castigos que Nuestro Señor tiene hechos por algunos desacatos semejantes. Entre los cuales es uno muy notable el de los hijos del summo sacerdote Aarón, los cuales porque no ofrecieron a Dios sacrificio con fuego del Santuario, con que había de ser ofrecido, salió fuego del Santuario y quemó a entrambos, sin que les valiese ni la dignidad de su padre ni la privanza de su tío Moysén, que hablaba con Dios cara a cara, como un amigo con otro. Y hecho esto dijo el mismo Dios: Seré santificado en aquéllos que se llegan a Mí. Quiere decir, que si se llegaren indignamente y con pecado, castigarlos he; y con el castigo mostraré cuán justo y santo soy, pues no consiento pecado sin castigo.

A este ejemplo añadiré otro, no menos temeroso. Y fue así, que el rey de Egipto, por nombre Filopator, vino a Jerusalén y entró en el templo y ofreció sacrificio a Dios (aunque infiel) y pretendió entrar en el más sagrado lugar del templo, que se llamaba Santa Sanctorum, en que estaba el arca del Testamento y el propiciatorio de oro entre los dos querubines; en el cual lugar no podía entrar sino solo el summo sacerdote, y esto una sola vez al año. Y como el rey porfiase por entrar en aquel lugar tan sagrado, recibió luego el castigo de su loco atrevimiento, cayendo en tierra medio muerto, de donde le sacaron sus criados en brazos, porque no acabase allí de morir. Pues si de esta manera castigó Dios a quien se atrevía a entrar en el lugar donde estaba el arca del Testamento, que no era más que figura del Santísimo Sacramento, ¿cómo castigará a los que atrevidamente se llegaren al que por aquella arca era figurado, sin el temor y reverencia que a tan grande Majestad se debe?

Notorio es también el ejemplo del sacerdote Oza: el cual, súbitamente, fue muerto porque puso mano en el arca del Testamento estando en peligro de caer. Y considerando esto el rey David, que la llevaba a su casa con grande solemnidad, concibió tan gran temor de este castigo, que no se atrevió a ello, y así la mandó poner en casa de Obededom. Y oyendo después la prosperidad y grandes mercedes que Dios había hecho al dueño de aquella casa, ayuntó el santo rey con el temor que tenía la confianza, y así no dudó llevar el arca a su casa, pues tan bien pagaba Dios la posada. Pues según esto los que se quieren llegar dignamente a este misterio hagan lo que este santo rey hizo, y juntando con la confianza el temor, se lleguen a esta mesa celestial.

VIII. Abusos que hay en la frecuencia de la Sagrada Comunión

Esto baste agora; y de aquí recogeremos los abusos que hay en el uso de este divino Sacramento, de que proceden las querellas y escándalos de muchos. Ca muchos hay que comulgan a menudo y que ninguna mudanza hacen en sus vidas, antes tienen sus pasiones y apetitos y ambiciones y cobdicias tan encendidas como los demás.

Otros hay que comulgan por estilo y pura costumbre, sin tener la hambre y deseos que pide este Pan Celestial. Otros, comulgan con la misma desgana que éstos, los cuales por solo ver comulgar a otros, quieren también ellos comulgar. En lo cual particularmente, son señaladas algunas mujeres, diciendo: pues aquélla y la otra comulgan tantas veces, yo también quiero hacer lo mismo.

Otros hay que comulgan por sola obligación, sin moverlos alguna particular hambre o devoción, como puede acontecer a algunos religiosos, los cuales tienen por estatuto comulgar cada ocho o cada quince días. Y puede acaecer algunos menos devotos hacer esto no por devoción, sino porque los necesitan a ellos. Todos éstos aprovechan poco o nada con el uso de este Pan Celestial.

Acerca de lo cual contaré lo que me acaeció con una persona que comulgaba muchas veces, y con todo esto vivía con alguna licencia y soltura. Y maravillado yo que la frecuencia de este sacramento, que tanta eficacia tiene para mejorar las vidas, no mejorase la suya le pregunté la causa de ello. A esto me respondió que a la verdad él no se aparejaba con la devoción y disposición necesaria y que comulgaba más por necesidad que por voluntad porque un confesor le había conmutado ciertos votos en esta frecuencia; por donde luego entendí que la causa de su poco aprovechamiento era su poca devoción.

Porque habéis de saber que, como las causas naturales obran conforme a la disposición que hallan en la materia, donde el fuego quema fácilmente la leña seca y no la verde por no estar dispuesta para recibir la forma del fuego; así también las causas sobrenaturales, que son los sacramentos, causadores de la gracia, obran conforme a la disposición que hallan en el ánima. Y de aquí procede haber algunas personas que tienen por costumbre comulgar a menudo, sin sentir en sí mejoría; y muchos sacerdotes a cabo de veinte años que celebran no reconocen en sí mudanza alguna. Y la causa es porque los unos y los otros no frecuentan este sacramento con la disposición y aparejo que se requiere. Y esto es lo que señaladamente ofende a los que de esto murmuran, no viendo en ellos el mejoramiento que de este sacramento se espera.

IX. De la frecuencia de la Sagrada Comunión

Dicho ya del aparejo para este divino sacramento, digamos agora de la frecuencia de Él. Lo cual, en parte, se puede entender por lo que hasta aquí está dicho, pues para esto no se puede dar regla general que cuadre a todos; no más que una medida y manera de vestido para todos los cuerpos. Porque, en este negocio se ha de tener respecto al estado, manera de vida y aprovechamiento de cada uno, y al aparejo que tiene para allegarse a este sacramento con menos nota, y a la condición de la persona y a otras circunstancias semejantes.

Y porque la principal regla se ha de tomar del aprovechamiento mayor o menor del que comulga; según esto, a unos bastará comulgar las principales fiestas del año; a otros, cada mes; a otros, cada quince dias y a otros, cada semana, como San Agustín lo aconseja. Asimismo San Buenaventura, con ser un tan grande contemplativo y tan grande maestro de la vida espiritual, como lo muestran sus escripturas, en un tratado que escribió de la perfección de la vida a una hermana suya, no quiere que haya más frecuencia de este divino manjar, que de ocho días, si no hubiese (dice él) alguna grande hambre de este pan celestial, porque piadosamente se cree ser ésta de Dios, cuando concurre con ella el testimonio de la buena vida. Y así queda el negocio reducido al prudente y experimentado confesor; el cual, según el estado de la persona, la pureza de la vida, el ejercicio de la oración, buenas obras y el aprovechamiento en la mortificación de las pasiones, puede alargar o estrechar las licencias.

También se debe tener respecto a la edad, mayormente en las doncellas, a las cuales conviene más el recogimiento y encerramiento que a todas las otras condiciones de personas, por el ejemplo de Dina, hija del patriarca Jacob, que tanto mal causó con su poco recogimiento. Y a éstas y a las viudas de menos edad, de que San Pablo hace mención, conviene avisar que no pongan todo su aprovechamiento en solo lo que hacen en la iglesia, sino que trabajen por traer la iglesia a su casa; esto es, que hagan iglesia de los rincones de ella, y que allí tengan todo su trato y comunicación con Dios; como lo hacían en sus cuevas aquellos santos del desierto, que, sin esta comodidad, alcanzaron tan grande perfección; y hurten un pedazo del sueño de la noche para vacar a Dios cuando todas las cosas están en silencio. Y imiten el ejemplo de Santa Catarina de Sena, la cual fue muy maltratada de sus padres porque, como persona que se ataviaba para el esposo del Cielo, cortó los cabellos que tenía muy hermosos. Y enojados de esto sus padres, le quitaron la celda en que se recogía y la hicieron servir en todas las cosas de casa. Mas la santa no perdió por esto nada de su aprovechamiento; porque fabricó en su imaginación una celda y, haciendo cuenta que su padre era Cristo y su madre Nuestra Señora y sus hermanos los apóstoles, andaba tan ocupada en esta imaginación, que no echaba menos la falta de la celda. Y esto mismo aconsejaba ella a su padre confesor que hiciese. Y algo de esto debrían de hacer las mujeres de poca edad, y salir menos veces a la iglesia; y éstas, acompañadas con personas honradas o con su madre, como San Ambrosio lo escribe de Nuestra Señora. Y aunque, generalmente hablando, no se deba dejar lo bueno por el escándalo que llaman de fariseos, que es de los que contra razón se escandalizan, mas algunas veces será virtud y caridad tener respecto aun a éstos, cuando son flacos, no siendo con notable pérdida nuestra. Lo cual confirma San Bernardo en una de sus epístolas por estas palabras: «De buena voluntad careceré de cualquier provecho espiritual, si no se puede adquirir sin ninguna nota o escándalo. Ca donde hay escándalo, hay detrimento de caridad; y maravillarme hia yo (dice él) que pudiese alcanzar alguna ganancia con el ejercicio espiritual, entreviniendo en él menoscabo de la caridad». Este aviso aunque sea general para todos, pero señaladamente pertenece a las doncellas.

Y así, a éstas como a las casadas, se debe aconsejar que nunca por sus espirituales ejercicios dejen de cumplir con las obligaciones de justicia, que son obedecer y servir enteramente las mujeres a sus maridos y las hijas a sus padres. Porque siempre lo que es de obligación se ha de anteponer a lo que es de voluntad y devoción. Y a todas, en general, se debe aconsejar que las confesiones, cuando son frecuentes, sean breves, por la nota que se da a la gente, diciendo: ¿Qué tiene aquélla que acusarse tan largo espacio?

X. Avisos para los flacos e imperfectos en la virtud

Y porque en este sermón no solo pretendemos animar los flacos, sino también avisarlos de algunas cosas para que estén más libres de peligros y den menos ocasión a los maldicientes de murmurar, apuntaremos aquí algunos documentos. Entre los cuales, uno es avisarles que pongan todo su estudio y diligencia en conocerse, humillarse y aniquilarse en la presencia de Nuestro Señor, acordándose de aquel ejemplo notable del gran Antonio, el cual vio todo el mundo lleno de lazos, y espantado de cosa tan grande, exclamó diciendo: ¡Oh quién escapará de tantos lazos! Y en este punto oyó una voz que le dijo: la humildad. Y puede tener el hombre por cierto que nunca hastahoy el humilde cayó, ni fue desamparado de Dios. Y ninguno hasta hoy se levantó en su pensamiento que no cayese y fuese desamparado. Lo cual confirma Salomón, diciendo: Antes de la caída se levanta el corazón del hombre. Y en otro lugar dice: A la caída precede la soberbia; y al humilde de espíritu sucede la gloria. Y lo mismo significó el Profeta cuando dijo: Cuando se levantare en alto el corazón del hombre, Dios se levantará más alto, para derribarlo de su alteza.

El segundo aviso procede de la misma humildad, que es encubrir el hombre, cuanto le sea posible, sus buenas obras y los favores que recibe de Dios. Lo cual encarece Nuestro Señor tanto que viene a decir que no sepa una mano lo que hace la otra. Sabe Él muy bien la liviandad de nuestro corazón, el cual compara el santo Job con la hoja del árbol, y con una paja seca, que cualquier soplo de vanidad la menea. Sabe cuán delicado y cuán peligroso es el vicio de la vanagloria; el cual toma ocasión de nuestras mismas virtudes para envanecernos. Los otros vicios se vencen con las virtudes que le son contrarias; mas éste, de las mismas virtudes toma ocasión para levantarnos. Y por esto ni a los mismos confesores, debe el penitente dar parte de las virtudes o favores que ha recibido de Nuestro Señor, si no hubiere alguna particular necesidad para ello.

Otro aviso es contra unas obediencias que suelen dar algunas mujeres devotas a sus padres espirituales. Porque como ellas, por una parte, oyen tanto alabar la virtud de la obediencia y por otra nacen con una inclinación de sujetarse a sus mayores, ambas cosas las inclinan a esta manera de sujeción y obediencia, cuando no tienen otros superiores a quien se sujeten. Y aunque, generalmente hablando, toda obediencia sea buena, pero ésta es muy peligrosa, porque de ella nace una familiar amistad entre el penitente y el padre espiritual, la cual suele el Demonio poco a poco fomentar y atizar de tal manera, que, como Santo Tomás dice, «muchas veces esta amistad espiritual se transforma y muda en carnal». Y debe la persona acordarse y temblar del ejemplo que arriba pusimos, que San Agustín refiere, de la caída de los altos cedros por ocasión de estas amistades espirituales. Basta para las cosas de más peso que suceden tomar consejo con el padre espiritual, cuando es persona para eso; acordándose que está escrito que aunque el hombre tenga muchos amigos con quien esté en paz, pero el consejero se ha de buscar uno entre mil; para dar a entender que ha de ser muy escogido a quien habemos de entregar la llave de nuestro corazón y el gobernalle de nuestra vida. Y por dichosa se puede tener una ánima a quien Dios depara tal consejero, porque también éste es don de Dios. Y en pago de sus buenas obras, proveyó Nuestro Señor a Cornelio Centurión de semejante consiliario, diciéndole que enviase a llamar a San Pedro, porque él le diría lo que le convenía hacer para su salvación.

Otro aviso muy importante es que las personas espirituales ni hagan caso de algunas revelaciones ni las admitan y mucho menos las deseen. Ca en sintiendo el Demonio este deseo, luego se transforma en ángel de luz y siembra revelaciones de algunas cosas que pasan en otros lugares de que él da noticia a quien quiere engañar, y también de algunas cosas que están por venir, que él puede alcanzar por conjeturas, conociendo por las causas de los negocios los efectos que pueden suceder de ellas, y muchas veces acierta en algunas cosas de éstas para acreditarse y hacer creer con esto otras falsas y perjudiciales. Y estas revelaciones, son principalmente a personas espirituales, porque a éstas acomete él más veces, mayormente cuando las ve deseosas de saber alguna cosa por vía de revelación. A mis manos llegó un hombre virtuoso, al cual, habiendo hecho muchas oraciones para saber una cosa que deseaba, apareció el Demonio en figura de ángel y díjole una grande falsedad; y en esto entendió que aquél era Demonio y no ángel. Otra mujer honrada tuvo el mismo deseo de saber de una ánima de un defunto, sobre lo cual hizo muchas oraciones y ayunó muchos días a pan y agua, con lo cual se le desvaneció la cabeza y vino cuasi a perder el seso; y entonces le apareció el Demonio, diciéndole que para qué quería saber el estado de las otras ánimas, pues la suya había de ser condenada. Con esta imaginación no solo vino a perder totalmente el seso, sino (lo que es más para sentir) vino a echarse en un pozo; lo cual pasó así certísimamente en nuestros días. A fray Rufino, uno de los compañeros de San Francisco, apareció el Demonio en figura de Cristo crucificado, dándole por consejo que desamparase a San Francisco y se fuese a un monte a hacer vida solitaria para gastar todo el tiempo en oración. Y estuvo tan determinado en esto que, si no entrevinieran muchas lágrimas y oraciones de San Francisco (el cual le mostró que aquel crucifijo era el Demonio), todavía pasara adelante su determinación. De semejantes ejemplos que éstos, están llenas las historias de los padres del yermo; mas éstas bastarán agora para que las personas devotas no procuren ni admitan ni hagan caso de revelaciones, antes las tengan por ilusiones y con esto estarán más seguros. Porque si Nuestro Señor quisiere revelar alguna cosa, Él dará orden cómo se sepa la verdad de ella.

Otro aviso servirá para algunas mujeres que profesan virtud, encomendándoles el recogimiento de sus casas y que eviten cuanto sea posible, según la condición de su estado, demasiados descursos de unas partes a otras y coman su pan con silencio; porque una de las cosas que Salomón nota en algunas mujeres es que no pueden sufrir la quietud ni tener los pies sosegados en casa, sino andan de una parte a otra. Lo cual es cosa que impide mucho el recogimiento del corazón, porque en el cuerpo inquieto no suele estar el corazón recogido. Y más particularmente eviten en comunicar en casa de señoras nobles, porque como algunas de ellas tienen marido, hijos y hijas, y pretenden casamientos y haciendas para ellos y aun salud en sus enfermedades, y tampoco les faltan pleitos y negocios, suelen pedir socorro de oraciones a este linaje de mujeres, y hacerles por esto algunas limosnas. Y entendiendo ellas que estas caridades se les hacen por el olor de la virtud, a veces, procuran de parecer más santas de lo que son, aún de contar algunas revelaciones o favores de Dios; y por aquí halla el Demonio entrada para pervertirlas y engañarlas. Por tanto, si son pobres conténtense con un pedazo de pan y trabajen por ganarlo con sus manos; porque así dice San Hierónimo que lo hacía Nuestra Señora, y negocien con Dios lo que les falta, y no anden por casas ajenas vendiendo santidad para ganar de comer.

Juntemos, pues, agora el fin con el principio suplicando a Nuestro Señor que pues Él tiene en su mano los corazones de todos los hijos de Adam, El los rija y enderece de tal manera en semejantes ocasiones, que ni pierdan el crédito de la virtud de los buenos ni entibien el buen propósito de los flacos. Y pues Él no permite males sino para sacar bienes de ellos, lo que debemos sacar en las caídas de estos nuestros hermanos es conocimiento de nuestra flaqueza y peligro de nuestra vida; pues todos caminamos por un camino, todos navegamos por un mismo mar y todos somos combatidos de los mismos enemigos y, por tanto, en esta vida, no hay seguridad; mayormente siendo tan profundos los juicios de Dios, pues muchos, navegando prósperamente toda la vida, al tiempo de tomar puerto, dieron a la costa. No se alaban, dice San Hierónimo, en el pueblo cristiano los principios sino los fines. Judas comenzó muy bien y fue escogido de Cristo por uno de sus apóstoles; y de apóstol se hizo Demonio y acabó tan mal. San Pablo comenzó persiguiendo a la Iglesia y fue, después, el mayor defensor de ella. Por tanto los siervos de Dios en estas caídas públicas (como todos sean de una misma masa) vienen a hacerse más temerosos, más humildes, más cautos y más desconfiados de sí mismos y más confiados en Dios y más rendidos y sujetos a Él; pues Él solo nos puede guardar de estos peligros.

Verdad es que, prudentemente examinado este negocio, hallaremos que por maravilla el Santo Oficio tiene que hacer con un hombre derechamente virtuoso sin ningún respecto del mundo; sino su principal negocio es contra los engañadores y burladores y hipócritas, y lobos vestidos en hábito de oveja. Estos son los que castiga. Y este castigo no había de causar en los buenos temor, sino alegría y confianza, viendo las ovejas que tienen pastor que las defiende de los lobos y procura su remedio. Mas, el vulgo ignorante y ciego no sabe examinar estas cosas y de cualquier castigo de éstos toma ocasión para intimidar y enflaquecer a los buenos, habiendo de ser lo contrario.

Esto basta para esta materia; lo demás enseñará el Espíritu Santo que es Maestro de los humildes y tiene contados los cabellos de la cabeza de sus siervos. Al cual sea gloria y honra en los siglos de los siglos. Amén.

Libros a la carta

A la carta es un servicio especializado para
empresas,
librerías,
bibliotecas,
editoriales
y centros de enseñanza;
y permite confeccionar libros que, por su formato y concepción, sirven a los propósitos más específicos de estas instituciones.

Las empresas nos encargan ediciones personalizadas para marketing editorial o para regalos institucionales. Y los interesados solicitan, a título personal, ediciones antiguas, o no disponibles en el mercado; y las acompañan con notas y comentarios críticos.

Las ediciones tienen como apoyo un libro de estilo con todo tipo de referencias sobre los criterios de tratamiento tipográfico aplicados a nuestros libros que puede ser consultado en Linkgua-ediciones.com.

Linkgua edita por encargo diferentes versiones de una misma obra con distintos tratamientos ortotipográficos (actualizaciones de carácter divulgativo de un clásico, o versiones estrictamente fieles a la edición original de referencia).

Este servicio de ediciones a la carta le permitirá, si usted se dedica a la enseñanza, tener una forma de hacer pública su interpretación de un texto y, sobre una versión digitalizada «base», usted podrá introducir interpretaciones del texto fuente. Es un tópico que los profesores denuncien en clase los desmanes de una edición, o vayan comentando errores de interpretación de un texto y esta es una solución útil a esa necesidad del mundo académico.

Asimismo publicamos de manera sistemática, en un mismo catálogo, tesis doctorales y actas de congresos académicos, que son distribuidas a través de nuestra Web.

El servicio de «libros a la carta» funciona de dos formas.

1. Tenemos un fondo de libros digitalizados que usted puede personalizar en tiradas de al menos cinco ejemplares. Estas personalizaciones pueden ser de todo tipo: añadir notas de clase para uso de un grupo de estudiantes, introducir logos corporativos para uso con fines de marketing empresarial, etc. etc.

2. Buscamos libros descatalogados de otras editoriales y los reeditamos en tiradas cortas a petición de un cliente.

www.ingramcontent.com/pod-product-compliance
Lightning Source LLC
LaVergne TN
LVHW091619170726
843492LV00007B/2498